《艺术之约》（音乐卷）

主　编／音　渭　景作人

艺术之约

Brahms

勃拉姆斯

张茜 刘昕 编著

山西出版传媒集团
山西教育出版社

图书在版编目（CIP）数据

勃拉姆斯 / 音渭，景作人主编；张茜，刘昕编著. -- 太原：山西教育出版社，2015.9
（艺术之约）
ISBN 978-7-5440-6116-2

Ⅰ. ①勃… Ⅱ. ①音… ②景… ③张… ④刘… Ⅲ. ①勃拉姆斯，J.（1833-1897）- 传记 Ⅳ. ①K835.165.76

中国版本图书馆CIP数据核字(2015)第054126号

艺术之约·勃拉姆斯
（YISHU ZHI YUE BOLAMUSI）
音渭、景作人 主编 张茜、刘昕 编著

出 品 人 雷俊林
策 划 人 孙 轶 魏雪萍
责任编辑 樊丽娜
装帧设计 王春声

出版发行 山西出版传媒集团·山西教育出版社
（地址：太原市水西门街馒头巷7号 电话：0351-4729801 邮编：030002）
印 装 山西臣功印刷包装有限公司
开 本 889×1194 1/32
印 张 8.375
字 数 129千字
版 次 2015年9月第1版 2015年9月山西第1次印刷
书 号 ISBN 978-7-5440-6116-2
定 价 31.90元

来赴一场艺术之约

（代序）

每个人都与艺术有缘。

不管你是否懂音乐，总会有一些动人的旋律在你人生经历的各个场合一次次响起，种进你的心里。

不管你是否爱音乐，总会有一些耳熟能详的名字被一次次提起，深深刻在你的脑海里，构成你的基本常识。

总有一次次的邂逅，你愕然发现某一段熟悉的旋律是来自某一位音乐巨匠的某一首经典名曲，恰如卯榫，完成了超越时空的契合。

永恒的作品，永恒的作者，是伴随我们的文明之路一直前行的。而这套书，便是一封跨越世纪的邀请函，翻开它，来赴一场艺术之约。

它讲的是音乐家的人生，同时用人生的河流串起每一处绝妙的风景，即音乐家们的作品。他们的生命从哪里开始，他们有怎样的家庭、怎样的童年、怎样的爱情、怎样的病痛，又怎样成长、怎样探索、怎样谋生，那些伟大的作品又是在什么情况下诞生……你会在这里一一找到答案。

他们其实不是艺术圣坛上那一张用来膜拜的画像，而是跟我们每个人一样，有血有肉，有哀有乐。巴赫一生与两位妻子结婚，生有 20 个子女，但只有 10 个成活；天才的莫扎特只有短短 35 年的人生，而舒伯特更短，只有 31 年；瓦格纳娶了李斯特的女儿；勃拉姆斯是舒曼的学生；贝多芬中年失聪；舒曼饱受精神病的折磨……每一首曲子，都不再是唱片上的音符，而是与鲜活的生命相联系。你从未如此真切地感受那些乐曲是由怎样的双手来谱写和演奏的。

当这许多位音乐家汇集到一起，便串起了一部音乐史，他们是音乐史的链条上最璀璨的珍珠。每一位艺术家都不是孤立的，而是互相呼应，他们是自己的传主，同时又是其他传主的背景。有时，几位名家同时出现或前后承接，你会发现他们在时间和空间上竟如此相近，你仿佛来到了 19 世纪维也纳的鼎盛时期，教堂的管风琴、酒馆的乐队、音乐厅的歌剧、贵族城堡的沙龙，处处有音乐缭绕。你与他们擦肩而过，他们正在去宫廷演奏的路上，正在教堂指挥着唱诗班，正在学院与其他派别争论。

你的音乐素养不再停留在几段旋律、几个名字上，你与艺术的联系更加紧密。你会在一场音乐会上等待最精彩的乐章，你会在子女接受音乐教育时找出最经典的练习曲，你会在某个地方旅行时说出哪位音乐家曾与你走过同一段路。

更重要的——你会更加深刻地感受到艺术的美好，享受精神的盛宴。贝多芬的《命运交响曲》，那雷霆万钧的激昂力量；舒伯特的《小夜曲》，那如银河繁星般浪漫的梦境；瓦格纳的《婚礼进行曲》，那如天宫圣殿般的纯洁神圣；柴可夫斯基的《第一交响曲》，那如海上旭日般的华美绚烂……

林　锜

2015 年 6 月于北京

目　　录

第1章 穷苦环境中的成长

不同寻常的双亲

德国，这个被称为“欧洲走廊”的国度，南面自阿尔卑斯山脉的楚格峰起，向北经多瑙河与莱茵河河谷，穿过易北河流域，地势由崎岖的高原山地逐渐变为广阔的平原，直达波罗的海和北海，并与斯堪的纳维亚半岛相接。这里曾诞生了许多重要的哲学流派与大文学家，还是世界著名的音乐之乡。

19 世纪初的德意志土地，还处在封建分裂割据的局面，资本主义萌芽发展缓慢。作为德国历史上第一帝国的神圣罗马帝国自公元 962 年建立，此时已经名存实亡。1789 年法国大革命的爆发像霹雳一样击中了这个叫做德国的混乱世界，反封建斗争日益高涨。1806 年，在拿破仑与反法联盟的战争中，神圣罗马帝国终于失去在德意志的存在基础，寿终正寝。与此同时，拿破仑在德意志由“革命者”到“掠夺狂”的身份转变，让只有“邦国”概念的人们相继醒来，掀起了激烈的民族运动。终于，拿破仑战争的溃败让德意志于 1814 年实现了民族解放。然而，这并没有给人们带来心中渴望的统一结局。普鲁士、奥地利、汉诺威、巴伐利亚、英国、俄国、荷兰、法国都想在这片早已支离破碎的土地上再分得一杯羹。1815 年，38 个大大小小的君主国和自由市在《德意志联邦条例》的约束下结成了德意志联邦。实质上，德意志联邦是一个松散的联合体，拥有统一的面貌却不是一个真正的国家，包括帝国、王国、选帝侯国、大公国、公国、侯国、伯爵领地和自由市在内的君主国们在经济、军事、内政和外交方面都各行其是。

汉堡就是众多联邦中的一个，这座位于易北河入海口的德国北部城市，纬度和中国最北的城市漠河差不多，但由于靠近大海而冬暖夏凉。汉堡曾因其繁荣的港口贸易、宽松的宗教氛围而成为 17 世纪欧洲重要的文化中心，却也在 1806 至 1814 年被拿破仑占领期间受到沉重的压迫。在重获自由以后，汉堡利用其优越的地理位置，逐渐恢复其

汉　堡

勃拉姆斯的出生地，该房毁于1943年的空袭

经济实力，并再次繁荣起来。然而，像许多急于成长的城市一样，汉堡，这个商业大港，在奢华楼宇的背后，在整洁大道的末端，总有一些碍于观瞻之地——那是优雅市民不齿前往的贫民窟，周围立着各色酒吧与妓院。

这一带有一栋不太起眼的六层楼房，一眼望去和旁边的房屋相比没有什么差别——同样的破败与脏乱。进楼之后，沿着昏暗的楼道向左转有一扇破旧的门虚掩着，里面是一个客厅兼厨房的狭窄空间，孩子的床铺和锅灶挤在一起，再往里走是一间小得不能再小的卧房，有窗却难掩寒酸之境。1833 年 5 月 7 日，约翰内斯·勃拉姆斯就出生在这样一个地方。他是勃拉姆斯一家的第二个孩子。如果要问这个普通的婴孩有什么特别之处的话，或许可以说他有一对不同寻常的双亲——他的父亲约翰·雅各布·勃拉姆斯比他的母亲克里斯蒂娜·尼森小 17 岁。

雅各布是旅店老板的儿子，年轻时不顾家人反对，立志要成为音乐家。他自学了长笛、圆号和所有弦乐器，19 岁从荷尔斯坦因公国来到汉堡创业。起初，他只能在贫民窟附近的根维尔泰尔酒吧里演奏，后来加入了音乐家协会，但生活的拮据不得不让他通过演奏低音提琴来赚取额外的收入。终于，他凭着极为普通的技艺，加入了一个六重奏组，成为汉堡人民自卫团的一员，还获得了骑兵伍长的职衔。对 24 岁的雅各布来说，生活似乎明朗起来，他搬到了一处环境较好的住宅公寓，并认识了房东的小姑，41 岁的克里斯蒂娜·尼森。二人认识不到一星期就结婚了，连克里斯蒂娜自己都感到惊奇。多年以后，在给儿子的信中，她写道："他想娶我的时候还没搬进来一个星期呢，我简直难以置信，因为我们年龄相差太悬殊了。"不仅在年龄方面，相对于一表人才、正值黄金年华的雅各布，克里斯蒂娜长相极为平庸，个头矮矮的，而且一只脚比另一只略短，走起路来一跛一跛的，因为这些而待字闺中。那么，克里斯蒂娜吸引雅各布的是什么呢？

这要说说克里斯蒂娜了。这位外表普通的中年女人，出身于一个德国贵族旁系家庭，受过教育，颇通文字，喜爱德国文学。在遇见雅各布之前，她曾经做过裁缝和奴仆的工作，当过服饰杂货店的帮工。尽管生活平凡，或许还有一些坎坷，但她个性朴素，做事一丝不苟，为人亲切而有同情心。她有着灵巧的双手，不仅针线活娴熟，在烹饪方面也很有研究。雅各布是一个在生活上比较现实的人，他知道自己的社会地位不高，与其通过媒人碰运气，还不如就找这样一位富有美德的女子。

1838 年的雅各布

晚年的克里斯蒂娜

1860 年的伊丽莎

1870 年的弗里茨

新婚伉俪搬进了又热又小的贫民窟公寓，但环境的压抑并不能影响他们对新生活的向往——勃拉姆斯夫妇都有乐天知命的本性。贤惠的克里斯蒂娜用色彩鲜艳的布料将昏暗的房间装扮得明亮一新，还养了鸟、植物，让整个屋子都散发出盎然生机，年轻的雅各布也因为妻子美妙绝伦的厨艺而心满意足。他们在婚后的头些年里，过得还算和谐。1831 年长女伊丽莎出生，不出几年又相继有了勃拉姆斯和小儿子弗里茨。后来，雅各布和妻儿搬到了一处更大的公寓中，能干的克里斯蒂娜还开了一家小小的服饰杂货店，来贴补丈夫有限的收入。每逢家人过生日，大家必定开怀畅饮，雅各布喝着葡萄酒，克里斯蒂娜和孩子们喝着蛋酒，一家五口其乐融融。成年后的勃拉姆斯云游四方，每逢回家，都会喝到母亲酿制的蛋酒。酿蛋酒是母亲的绝门功夫，勃拉姆斯后来将制作方法传给一个朋友，不过他又加了自己的创造：一打鸡蛋，一磅白糖，四个柠檬，还有一瓶甘蔗酒。

醇香的蛋酒是勃拉姆斯在童年少有的美好记忆。自他记事起，苦涩和黯淡常常笼罩在他的周围。原来，家里为了供养几个孩子上学变得愈发捉襟见肘，而“贫贱夫妻百事哀”，雅各布与克里斯蒂娜不但没有携起手来共渡难关，反而日渐龃龉。为了多赚点钱，克里斯蒂娜日夜做针线活，可是她辛辛苦苦挣来的钱却被雅各布拿去买彩票赌博，不过善良的她从不责备他什么。相反，雅各布因为穷困经常拿她和孩子们撒气。最令克里斯蒂娜痛苦和不能忍受的是雅各布居然与他的初恋情人旧情重燃，直到女方的丈夫找上门来，他才作罢。因此，勃拉姆斯夫妇二人没少争吵。有一次，醉醺醺的雅各布从外面跌跌撞撞地回来，看到克里斯蒂娜脸上的皱纹，又瞧见在床上玩耍的孩子，忽然大声嚷嚷起来。年幼的勃拉姆斯被吓到了，眼睛睁得大大的，带着颤抖的声音问母亲："爸爸为什么发火呀?"克里斯蒂娜噙着泪水说："父亲希望你们离开这个世界，他不想养你们了……"勃拉姆斯"哇"的一声哭了，克里斯蒂娜把儿子抱起来，和他一起痛哭。父母的争吵，给童年的勃拉姆斯留下了不小的阴影。

钢琴神童

尽管父母的婚姻在日后看来是个悲剧，但是他们最初的甜蜜与和谐还是为这个小窝带来了很多温馨的时光。母亲养的鸟儿在清晨总会婉转地歌唱，那或许是勃拉姆斯的启蒙之音，他也会和小鸟们一起叽叽喳喳地叫，在一旁做针线活的克里斯蒂娜就会笑他："哟，我们的约翰内斯在学说话呀！"雅各布在家的多数时间都要练习大提琴，好奇的孩子们围着爸爸，对弓子与琴弦摩擦而起的各种声音感到不可思议，更不知道爸爸在那低沉的弦音中透露出的对生活的美好期待与些许无奈。

有一次，雅各布在练琴的时候发现 5 岁的勃拉姆斯对音高有很强的感悟力，无论他弹奏什么样的音调，儿子都能听出其准确的高度。这不禁让雅各布大吃一惊，他想说不定勃拉姆斯遗传了自己的音乐基因。后来，他有意识地考察儿子的天赋，发觉他是个可塑之才，便在每次练习之后，教给勃拉姆斯一些基本的乐理知识。

不久后的一天，他带着儿子到音乐家协会去参观。当勃拉姆斯看到展览室的各种管弦乐器时，十分惊讶，指着其中一把大提琴说道："咦？这个和爸爸用的一样啊！原来还有这么多大大小小的琴呢……"他蹦着跳着，特别兴奋，仿佛发现了一个大家都不知道的神秘乐园一样。这时，他又看到一个黑色的庞然大物，"爸爸，这是什么呀?""这是乐器之王——钢琴。"雅各布摸摸儿子的脑袋。"啊，乐器之王……"勃拉姆斯心生崇拜之意，这么大的乐器他还是第一次见呢，这就是统领乐器世界的王者吗？这时，走来一位协会的会员，他稳稳坐在钢琴前，若有所思，然后将手轻轻放在琴键上，开始演奏。勃拉姆斯的兴奋劲儿被灵动、美妙的琴声抚平，他整个人像是完全沉浸在钢琴的乐声中了。回家的路上，勃拉姆斯还没有从钢琴的世界里出来，雅各布问他的话他压根儿就没听见。突然，他说："爸爸，我要学钢琴！"他那稚嫩的声音里含着点倔强的味道。"什么?"这完全出乎雅各布的意料，他带儿子参观协会的初衷可不是这样的。况且，钢琴演奏的道路漫长而艰辛啊！

那时候，以李斯特、肖邦为代表的职业钢琴家受到大家的追捧，获得丰厚的收入，但是这些成名者的数量与那些默默无闻的、挣扎于生计边缘的钢琴演奏者们相比，完全可以忽略不计。雅各布实在不愿让自己的儿子走上这样一条人生道路，它充满太多的不确定性。他想了一下，既然儿子有音乐天分，不如让他学交响乐器吧，当个乐团手，这条路还算稳当一些。他抱起约翰内斯，缓缓地说道："爸爸知道约翰内斯喜欢音乐，要不咱们这样，爸爸先教你学学交响乐团里的乐器，爸爸差不多都会呢！""不嘛，我就要学钢琴！"勃拉姆斯坚持着。"你要是学钢琴呢，也只能学一个乐器，但如果学交响乐器，你就能学所有的管弦乐器呢！"雅各布试图说服他。"不，我就要学钢琴，它是乐器之王！"勃拉姆斯就是不妥协。"这小子，"雅各布把他放下，自言自语道，"倒挺随我的倔劲儿……"他感到有些无奈。当初，自己就是凭一股子倔劲儿，不顾家人的反对来到汉堡，试图在音乐舞台中挤占一席之地，可是这条路并非仅靠一腔热情就能走下来的。但再看看儿子那兴奋与坚定的模样，他又心软了，就顺着他吧，能走多远就走多远。"好，就依你吧，约翰内斯。"雅各布松了口气。"太好了，太好了，爸爸真好！"勃拉姆斯别提有多高兴了。

为了让勃拉姆斯打好基础，雅各布找到自己在音乐家协会的朋友——弗里德里希·柯塞尔，作为儿子的钢琴老师。这位家境贫穷，却始终坚持自己音乐理想的钢琴师，成为勃拉姆斯在钢琴演奏方面的启蒙老师。柯塞尔对当下流行的舒曼、肖邦等人的音乐抱以不屑，但对巴赫、贝多芬等古典主义音乐家的热情始终如一。在老师的引导下，勃拉姆斯练习了很多古典主义作品，并为这些作品的严谨结构所吸引和着迷。

不过，每天的手指练习还是让勃拉姆斯这个八九岁的孩子感到压抑。有一天，他实在憋不住了，便逃课去玩耍，很晚才回家，不料等待他的不是母亲热腾腾的饭菜，而是爸爸的一顿痛揍，原来他已经从老师那里得到了消息。雅各布一边打着儿子一边训斥他："家里这样难，还要供你们学习音乐，你居然还逃课！"原来，雅各布不是一个偏心的父亲，尽管家里十分拮据，但他让弗里茨也和哥哥一起学习钢琴，并到同一所小学接受教育，只有经常偏头痛的伊丽莎例外。支付高额学费使得家里承受很大的经济压力，雅各布与克里斯蒂娜之间也没少因为贫穷而争吵。

经过这件事，勃拉姆斯不敢逃课了，他变得更加用功。

勃拉姆斯果然继承了爸爸的音乐细胞，他很快掌握了钢琴演奏的技巧，并在柯塞尔的推荐下得到了几次登台演出的机会。1843年，10岁的勃拉姆斯第一次登台表演，他弹奏了贝多芬和莫扎特的作品，其出色的发挥引起了一位星探的注意，这位星探从美国来，正在欧洲寻找音乐新秀。他通过柯塞尔找到雅各布，对勃拉姆斯的表演大加赞赏，接着建议他们到美国发展，“您只要带着他到美国各地表演，我敢担保，你们绝对会赚上一大笔钱的!”他知道勃拉姆斯家很贫困，看到雅各布眼里开始放光，他谈得更起劲了，“约翰内斯绝对是个天才！你们肯定会发起来的!”雅各布心动了，他早就厌倦了每天出去拉琴赚钱的生活，三个孩子让他喘不过气来，再看看妻子那佝偻的背影……

就在雅各布和妻子把服饰杂货店卖出去，准备启程之时，柯塞尔找到家里来，还带来自己的恩师爱德华·马克森，这是一位在汉堡很有名气的钢琴家。柯塞尔不管雅各布疑惑的表情，叫来勃拉姆斯，让他为马克森弹一曲。马克森听后由衷地赞叹：“约翰内斯果然很有天赋！前途无量啊!”他转过身，郑重地对雅各布说：“这是个非常有天分的孩子，雅各布。如果你执意要把他带到美国，他的天赋可能就在巡演中被毁掉了啊!”马克森的赞赏让雅各布很宽慰，他知道，钢琴家说的话一定不假，那么家境的改善指日可待，去美国借巡演赚钱不也得需要一个过程吗？最终，他改变了决定，雅各布一家又安顿下来。对钢琴神童十分看好的马克森决定免费教他，这让雅各布喜出望外。

不久，勃拉姆斯转到另一所学校学习拉丁文和法文的基础教育，或许源于母亲的遗传，刚开始接触德国浪漫主义文学作品的他就被吸引住了。当然，勃拉姆斯并未放松自己的钢琴训练。马克森对学生的要求非常严格，勃拉姆斯也进步飞快。不过，他对作曲的兴趣日渐浓厚。一开始，马克森要勃拉姆斯心无旁骛地练习钢琴，但当他发觉这个富有天分的学生在作曲方面也展现出非凡的潜力时，他让步了。马克森一直欣赏这位有才华的学生，在 1847 年门德尔松去世后，马克森说：“一代宗师去了，但另一位大师正在兴起，那就是勃拉姆斯。”在老师的悉心指导下，勃拉姆斯开始研究贝多芬、莫扎特、舒伯特以及巴赫的作品结构，为古典形式所着迷，还接触了德国民间音乐，这些都深深影响了勃拉姆斯之后的创作。马克森对勃拉姆斯的影响很大，而勃拉姆斯也从未忘记这位恩师的教诲，他一直敬重这位技艺超群又尊重学生的师长。

丑恶里的挣扎

雅各布一家的经济状况愈发窘迫，13 岁的勃拉姆斯尽管在钢琴演奏方面尽显锋芒，但也不得不帮父母扛起养家糊口的重担。他在剧院里协助父亲演奏，给一些私人学生当钢琴教师，期间写了管弦乐改编曲、舞曲、进行曲等不少音乐作品，以换取微薄的收入。为了多赚些钱，他还到酒吧间担任钢琴师，这些酒吧专做船员生意。雅各布年轻时待过的根维尔泰尔酒吧，现在也有了儿子那瘦弱矮小的身影。对于稚气尚存的勃拉姆斯，那样的地方还太过陌生。消遣者们或买醉，或享乐，放纵于声色犬马之间，勃拉姆斯需要做的是为他们的消遣助兴，他手指下的黑白键，在此时仿佛成了某种讽刺的玩笑，编织出让他自己所不齿的音调，与周围的调侃交相呼应。更糟的是，酒吧间的工作环境让他窒息。老板为了让他通宵弹琴，强迫他喝酒，他只得一饮而尽，然后忍住胃痛，在昏昏沉沉之中奏响一首又一首的舞曲欢歌。妓女们勾搭勃拉姆斯，无聊时常常朝他抛媚眼，还拽着他坐在她们的腿上，讲一些粗鄙的笑话。见到客人来了，这些女人就拉着他们走到弹琴的勃拉姆斯的周围，拿他当招牌，“瞧，我们这儿有钢琴师，约翰内斯·勃拉姆斯！”接着是一阵浪笑。

小小年纪就被迫浸淫在丑恶中，是一种不幸，但勃拉姆斯在他那追求纯真、善良与美好的本能的驱使下，不停地挣扎着，甚至向恶劣的坏境发出怒吼。为了让自己和那些艳俗场面保持距离，他在谱架上放了诗集，一边演奏酒吧舞曲，一边读着海涅、荷尔德林、诺瓦利斯或艾兴多夫的诗歌，对这个钢琴神童而言，如此一心二用绝非难事。诗人们天马行空的想象为年轻的勃拉姆斯打开了一个神奇的世界，那里有行侠仗义的骑士，有超凡脱俗的佳人，有对大自然的崇敬，有不可阻挡的向上的力量。他越发喜欢那些诗句，一有空便跑到运河桥边的书摊上搜罗古书，那里载有他所神往的世界。他还专门准备了一个札记本子，摘抄自己特别喜欢的段落篇章，记录自己的所思所想。勃拉姆斯为这本个人札记起名为《青年克莱斯勒的宝库》。克莱斯勒是一位神秘的音乐家，他是德国短篇故事作者、海涅（1797—1856），德国著名抒情诗人，著有《青春的苦恼》《抒情插曲》《还乡集》《北海集》等组诗，具有鲜明的浪漫主义风格。另有四部散文旅行札记，深刻反映了社会现实。

荷尔德林（1770—1843），德国诗人，古典浪漫派诗歌的先驱，代表作有诗歌《自由颂歌》《人类颂歌》《为祖国而死》等，其作品兼具古典内涵与主观感情，反映出理想与现实间的不可调和。

诺瓦利斯（1772—1801），德国作家，代表作有《夜的颂歌》《圣歌》，以及未完成的长篇小说《亨利希·冯·奥夫特丁根》，其探讨以蓝花为象征的浪漫主义诗歌的价值和本质，语言优美，想象丰富。

艾兴多夫（1788—1857），德国浪漫派作家，主要作品有长篇小说《预感和现实》、中篇小说《没出息的人》、抒情诗《在清凉的土地上》和《上帝赐恩的人》等，其诗歌具有鲜明的民歌风韵，反映了对理想的追求与希望，广被谱曲传唱。

小说家、浪漫主义代表人物霍夫曼笔下的人物。霍夫曼的小说创作以荒诞离奇的情节、怪诞诙谐的文字来表现并批判周遭世界的黑暗与罪恶，勃拉姆斯在乌烟瘴气的环境里身不由己，却在霍夫曼的高度反讽中找到了内心的出口。

Des jungen Kreislers
Schatzkästlein.

Aussprüche von Dichtern,
Philosophen und Künstlern.

Zusammengetragen
durch
Johannes Brahms.

Herausgegeben von Carl Krebs.

Berlin.
Verlag der Deutschen Brahmsgesellschaft m. b. H.
1909.

勃拉姆斯的札记本《青年克莱斯勒的宝库》，于 1909 年出版很多年以后，当勃拉姆斯回忆起这段挣扎的生活时，他曾感慨道："过去像我这样艰难地过日子的人，恐怕并不很多。"但是不能不说，曾经的困苦磨炼了他的意志，为谋生而写的音乐作品提高了他的作曲能力，与社会底层的广泛接触使他积累了大量的德国民间音乐素材，这些都为他日后的创作打下了基础。

所幸的是，生活不总是灰暗的。父亲的一位旧相识阿道夫·吉泽曼在了解了勃拉姆斯的才华和艰辛生活后，邀请他到自己家里做客，并教自己的女儿莱申弹钢琴。吉泽曼的家在温森，那是莱茵河畔的一个小乡村，吉泽曼在这里开有一家纸厂。1847 年春天，勃拉姆斯暂时告别了汉堡城里令人窒息的贫民窟和酒吧，到诗人笔下的森林和莱茵河水中去寻觅他心中的世外桃源。让勃拉姆斯更加开心的是，莱申只比他小一岁，二人很快就成了好朋友，白天莱申带着他去乡间散步，傍晚两人则沉醉在故事和传奇中。多年以后，勃拉姆斯将二人都特别钟爱的中世纪传奇《玛格洛纳》中的部分诗篇放在他的歌曲集《玛格洛纳浪漫曲集》里，来纪念曾经这段美好而宝贵的时光。勃拉姆斯每个星期还要回一次汉堡上马克森的钢琴课，莱申有时也跟着一起去。她的叔叔在新铁路干线和莱茵河渡轮上经营自助餐生意，就顺便带着两个孩子。有一次，吉泽曼还请雅各布一家人到汉堡歌剧院看戏，勃拉姆斯在那里第一次观看了莫扎特的歌剧《费加罗的婚礼》。

在温森度假的日子里，勃拉姆斯并没有放下音乐。他曾和一位担任地方官员的业余音乐家布鲁姆先生合奏过一部双钢琴版本的贝多芬作品。他还被一个男声唱诗班邀请担任声乐指导和钢琴伴奏，他为他们写的两声部合唱曲后来都成为唱诗班的主要演出曲目。而他在这期间又积累了不少德国民谣素材，它们都影响了他最早的两首钢琴奏鸣曲的创作。

第二年的夏天，勃拉姆斯再次被吉泽曼邀请去度假。多年以后，勃拉姆斯曾说："我非常感谢这一家人的关爱和友谊，对阿道夫的回忆是人类心中所能珍藏的一种最美的情怀。"他将一片感恩之心化为行动，曾为莱申的女儿安排奖学金，来回报吉泽曼一家的善心。

在等待中前行

1848年，德意志资产阶级革命失败，封建割据势力卷土重来。但比起自己的人生道路，这些还不足以引起15岁的勃拉姆斯的注意。他在求学期间就为职业钢琴演奏家的道路做了艰苦的积累，现在他已经从学校毕业，马上要开始在这条道路上谋求生计和发展了！

9月份，在温森度假结束后不久，勃拉姆斯举办了自己的第一场公开音乐会。他安排的曲目包括巴赫的赋格，多勒的《威廉·泰尔幻想曲》等，前者是他所钟情的，而后者则是为了迎合大众口味，那是一首表现李斯特式的华丽技巧的作品。次年春天，勃拉姆斯又开了一场音乐会，他在曲目安排上用心良苦，有当时流行的华丽曲目——泰尔贝格的《唐璜幻想曲》，有自己创作的《最爱的华尔兹幻想曲》，还有他心中的重头戏——贝多芬的《华尔斯坦奏鸣曲》。听众和评论家们对这个年轻人给予了肯定，但也仅仅认为他是一个钢琴演奏新星而已，带着一闪而过的光亮，然后消失于天际。对口味挑剔的鉴赏家们而言，勃拉姆斯的音乐会不过是证明职业演奏者的队伍里又多了一个成员。

勃拉姆斯有点沮丧，16 岁的他，迫于生计又被老师和父母寄予厚望，却没有得到他所想要的结果。但他的沮丧只是源于虚荣心没能得到最大的满足。其实，他因为性格羞怯并不享受演出的过程。并且，他的心里存在一种隐秘的渴望——成为作曲家。勃拉姆斯心想："说不定这正是我转向作曲的机会呢!"很快，勃拉姆斯低落的情绪就消散了，他的脑海里充满了各种各样的构思。

音乐会上的曲目安排早已暗示了勃拉姆斯对于巴赫、贝多芬等古典主义作品的钟爱，这个少年开始尝试较为严肃的创作，他也欣然接受来自乐团和合奏团的声气相投的作曲委托。遗憾的是，他很害羞，这些早期作品都是以他的笔名发表的，现在很难辨别它们是否出自勃拉姆斯之手。他现存的第一首作品《降 e 小调谐谑曲》于 1851 年完成，该曲为钢琴而写。

谐谑曲，又称诙谐曲，产生于17世纪和18世纪上半叶的声乐曲或器乐曲，大部分为三拍子的活跃节奏，速度轻快，常用突发的强弱对比，具有舞曲性与戏剧性的特征，表现幽默的情趣，常在交响曲等套曲中作为第三乐章出现，以取代宫廷风格的小步舞曲。

作曲者一般把自己的作品进行一个总的编号，用 Op. 表示作品的编号，用 No. 表示其中曲目的编号，如勃拉姆斯于1873年完成的《c小调第一弦乐四重奏》编号为 Op. 51，No. 1，表示这是他出版的第51号作品的第一首。

一天，勃拉姆斯的一位朋友路易·雅帕找到他，劝他把作品拿给舒曼夫妇过目，“这可不是你羞怯的时候！舒曼可是大名鼎鼎的音乐大师啊，他的太太克拉拉是钢琴家，他们现在就在汉堡的一家饭店！约翰内斯，机会就在眼前，你难道想错过吗？”勃拉姆斯想想，觉得朋友是对的，但是当面拜访似乎有点唐突，于是把作品寄去了。可惜的是，舒曼夫妇当时忙得分身乏术，包裹被原封不动地退了回来。

被大师拒绝，让这个正在成长中的、对自己的音乐生涯寄予无限期待的年轻人大失所望。虽然他不知道其中的原因，但那种挫败感所带来的消极影响，比起几年前音乐会上的不受重视，要大得多，毕竟成为作曲家是他的梦想。

或许一直以来奔走于生存的经历，让他学会了等待和坚持。除了一些必要的演出，勃拉姆斯的生活没有特别的变化，他依然在酒吧里演奏，教学生钢琴，谱写委托作品。面对儿子的“多栖”状态，雅各布感到困惑，“都老大不小了，他到底想做什么呢？想当初，我 19 岁就出来打拼，好歹我方向明确啊……”克里斯蒂娜也很担心儿子，“约翰内斯看起来好像完全没有目标啊，就这么漂着吗……算了，还是不要打搅他，这个年纪，正是迷茫的时候。”还好，父母看在眼里，疼在心上，但并没有表达他们的忧虑。困苦的生活并不容易改变，他们仍然将精力放在维持生计上。

可贵的是，马克森从来都没有改变过他对勃拉姆斯的信念，他对这个年轻人的天赋太了解了。他理解勃拉姆斯要成为作曲家的渴望，他也知道勃拉姆斯拥有这个实力，现在不过是在等待良机。“这样的磨炼是好事，约翰内斯，你需要的是时间，不要急躁。”回望马克森那慈爱的眼神，勃拉姆斯点点头，有恩师的鼓励之语，他的心更加坚定了。

舒曼夫妇

第 2 章：远走高飞

遇见贵人

1851 年，勃拉姆斯参加一位富商的家宴演奏会，与同样应邀的爱德华·雷曼尼相识。这位来自匈牙利的犹太裔青年，只比勃拉姆斯大三岁，但此时已是名扬海内外的小提琴家。他在演奏会上，将原汁原味的吉卜赛音乐诠释给大家，其中的奔放、洒脱与热情给勃拉姆斯留下了深刻的印象。后来他才知道，雷曼尼曾参加过 1848 年的资产阶级革命，因革命失败才从匈牙利的布达佩斯逃到汉堡。雷曼尼的青年大师与革命分子的双重身份，和他自己所演绎的音乐一样，散发出一种神秘、华丽而不羁的风采，这让怯懦的勃拉姆斯深深着迷，而雷曼尼也注意到勃拉姆斯那颇具潜力的钢琴技巧和超常的乐思，彼此的欣赏使得他们很快就成为了要好的朋友。之后的几个月里，他们经常在一些私人聚会上合奏，直到汉堡警方下令将匈牙利难民驱逐出境。雷曼尼不得已逃到美国，又在1852年年底回到汉堡。

此时，政治环境已相对缓和，雷曼尼有另外的打算，如果说一年前和勃拉姆斯一起应邀在小型宴会上合奏算是逃亡生活下的权宜之策的话，那么现在他要开始一种新的生活。他找到勃拉姆斯，谈到了今后的发展："约翰内斯，我觉得以我们两个人的才能，如果总是出席私人演奏会，似乎有点委屈了咱们呢……""哦?"勃拉姆斯不确定对方想说什么。"我是这样想的，咱们还是得合作，但是要把演出的范围扩大到整个德国!"雷曼尼嘴角一扬，眼睛微微眯着，踌躇满志。"哦，你是说咱们要巡演么?"勃拉姆斯扬起了眉毛，像是犹疑，又像是期待。雷曼尼趁热打铁："对，就是巡回音乐会呀，咱们可以先从德国北部开始!"勃拉姆斯动了心，尽管他有着和他年纪不太相称的保守性格，但是对于逃离单调而乏味的生活，他很期待。不仅如此，他还想，与其这样在家乡等待某种结果，不如出去闯荡一番，就算是增加一些见识，说不定对作曲大有帮助呢。

1853年的勃拉姆斯（站）与
爱德华·雷曼尼（坐）

勃拉姆斯欣然接受了雷曼尼的提议。

1853年4月19日，两位怀着音乐梦想的年轻人向北出发，他们那跃跃欲试的心情就像一团火焰，将乍暖还寒的空气驱散开来，也将前方的漫漫长路照得亮堂堂的。只是，勃拉姆斯尚不知晓这次出行的意义何在——它是他成为流浪者的开端，并让他遇见他生命中的贵人们——这些都改变了他的一生。

巡演第一站是温森，那是几年前勃拉姆斯的度假之地。老朋友们给予他和雷曼尼以热烈的欢迎，音乐会门票一售而空。首次巡演的顺利极大地鼓舞了这两个青年人。一个月以后，他们来到策勒。音乐会开始之前，他们突然发现演奏所用钢琴的音准降了半音，勃拉姆斯并没有慌乱，他按升c小调将贝多芬的《c小调小提琴奏鸣曲》即兴演绎，与雷曼尼配合得天衣无缝。尽管勃拉姆斯认为这很平常，但是当雷曼尼郑重地将这件事宣布给观众时，在场的每一个人都被聚光灯下那个看着不太起眼的伴奏者的钢琴技巧震撼到了，他们由衷地为他再次鼓起掌来。第二站的音乐会就这样取得了极大的成功。接着他们来到第三站吕内堡，勃拉姆斯在温森度假期间曾与他搭档二重奏的布鲁姆也在那里，他特地为这个二人组举办了一场音乐宴会，他们的演奏毫无悬念地受到在场的音乐圈内人士的好评，第二天还加演了一场。

按这样的势头，他们的巡演道路将非常光明。但雷曼尼并不满足于此，他认为现在正是拜访约瑟夫·约阿希姆的好时机。约阿希姆是雷曼尼在学生时代的朋友，现在已是享誉国际乐坛的小提琴家，并在汉诺威国王管弦乐团担任总监。勃拉姆斯几年前曾听过约阿希姆在汉堡的演奏，对这位小提琴名家有很深的印象，现在他即将登门拜访，内心的忐忑与期待交织在一起。不过，当见到约阿希姆时，害羞的勃拉姆斯尚未开口，雷曼尼便高谈阔论起来，从追忆同窗时代的旧事，到炫耀二人组的成功巡演，终于介绍到身旁的勃拉姆斯，而他因为一直插不上话而愈发窘迫。“约瑟夫，你根本想不到，你面前坐着的绝对是个天才！”雷曼尼这样吹捧，勃拉姆斯的脸一下子就红了，约阿希姆知道雷曼尼喜欢夸大其词，便说：“哦……我想，还是让约翰内斯谈谈他自己的作品吧。”勃拉姆斯这才有机会开口，但也只是简单地介绍了作品的名字和完成时间而已，因崇敬而羞怯的他宁愿用自己的双手说话。当沉浸于演奏的时候，勃拉姆斯才缓缓地敞开心扉，那其中包含了自己对音乐的理解，还有对大师的景仰之情。约阿希姆认真地听着，时而微微叹息，时而眯起眼睛，他实在难以相信，这个比他小三岁的害羞的青年居然有如此卓越的才思！那些跳动的音符，热忱而明快，它们被富有天赋的组织者以严谨的形式编织在一起，变幻出美妙的旋律和灵动的节奏。约阿希姆心花怒放，深深地折服于勃拉姆斯作品的原创性，听完弹奏他立即大声鼓起掌来："太棒了！太棒了！"勃拉姆斯刚刚演奏完，心绪的流动还未即刻停下来，他浅浅地笑了。约阿希姆随即表示，他愿意成为勃拉姆斯的师友，不过他指出："我想更多的是我们作为朋友的关系，约翰内斯，你的才华太出众了，我不敢保证能带给你多少教益。""谢谢您，谢谢！"勃拉姆斯笨拙地表达着他对约阿希姆的谢意，内心愈发明亮起来。雷曼尼很得意，勃拉姆斯的表现没有让自己丢面子。两人在汉诺威留了下来，勃拉姆斯写信告诉父母自己受到大师赏识的喜讯，克里斯蒂娜的回信中充满了兴奋和欣慰："你光荣的时刻就要到了！你应该感谢上帝，是他派遣天使将黑暗中的你送往有人欣赏你才华的世界。"

不久，约阿希姆为他们安排了一场宫廷演奏会，可是警方马上就查出雷曼尼居然是一个革命分子，并且不放过可疑的勃拉姆斯。约阿希姆多方努力都无济于事，只好建议二人先去魏玛那里暂时躲避一下，他向李斯特写信推荐了他们。尽管在汉诺威没有停留太久，但勃拉姆斯已经和约阿希姆建立了惺惺相惜的友谊。

魏玛之行

在前往魏玛的路上，勃拉姆斯陷入了沉思，他感到命运真是奇妙，几个月前自己还是默默无闻的，现在居然被引荐给当今音乐界的泰斗了！他感到十分庆幸。但同时，他又心怀畏惧。

弗朗茨·李斯特因其炫技型的钢琴演奏风格让观众为之震撼和痴迷，他被称为“钢琴之王”“钢琴雄狮”“钢琴界的帕格尼尼”，其个人风格定义了新的钢琴演奏流派。李斯特的作品凸显了浪漫主义情怀，在当时是潮流的代表。1853 年，42 岁的他尽管已经从演出舞台上退休，但对整个欧洲音乐界的影响不减当年。勃拉姆斯在之前举办的个人音乐会上为迎合观众曾演奏过一些炫技作品，展现了李斯特式的华丽风格，但还达不到大师的水平。除此之外，对于李斯特的作品，勃拉姆斯感觉似乎并不符合自己的口味，是不是自己的理解水平还不够深刻呢？总之，他的内心是忐忑的，但是怀揣约阿希姆的推荐信，他又有了勇气："无论如何，能见到音乐界的王者总是一件十分幸运的事！"

勃拉姆斯和雷曼尼来到了位于魏玛郊区的阿尔滕堡别墅，这栋别墅连同周围的风景区都属于李斯特统辖的艺术村，他作为新德意志乐派的引领者之一，正试图通过这个村子的影响力将魏玛打造成音乐、绘画与文学的荟萃之地。阿尔滕堡别墅的大门向所有理解李斯特音乐理想的艺术家们敞开着，客人络绎不绝，舒伯特、韦伯、舒曼、拉夫和瓦格纳等时下音乐名家的重要作品都在此演出过，而许多年轻的艺术家也被吸引过来，并得到大师耐心的指点。

阿尔滕堡别墅从外面看并不起眼，但进去后就是一座宫殿。在贫民窟长大的勃拉姆斯，被室内雍容华丽、优雅高贵的设计所震撼，他屏气凝神，尽量掩饰自己的少见多怪。他终于见到了别墅的主人，还有传说中与李斯特同居的卡洛琳·冯·赛因—维特根斯坦公主。他们都是生来具

李斯特在魏玛的住所

李斯特

有贵族气质的人。

勃拉姆斯将约阿希姆的推荐信恭恭敬敬地递给李斯特，他的心跳得更快了。李斯特接过信件开始阅读，不时地朝勃拉姆斯看一眼，神色越发亲切，李斯特的爱才之心又一次被召唤出来，他引导年轻人来到钢琴前：“约翰内斯，来，为大家弹奏你的作品吧！”他那富有魅力的声音，让正在热烈讨论音乐的客人们停了下来，他们的注意力转向李斯特和他身旁的矮小羞怯的青年。

勃拉姆斯缓缓地坐下，面前的“乐器之王”具有和他主人一样的高贵气质，他的记忆里似乎从未存在过拥有如此强大气场的钢琴，他心中有疑问：“是否只有它才配得上李斯特，是否只有‘钢琴之王’才能真正地驾驭‘乐器之王’呢?”勃拉姆斯不敢继续胡思乱想，他感到屋子里所有的目光都聚焦在自己身上，等待的静寂是可怕的。他轻轻地把自己的作品放在谱架上，深吸了一口气。当冰凉的双手放在黑白琴键上的时候，勃拉姆斯突然感到那些曾经从胸中流淌出的旋律仿佛凝固了，他居然一个音符也弹不出来！他叹了口气，把手放回膝盖，紧张、无助的感觉让他不知所措。

就在这时，李斯特潇洒地走到钢琴旁，请年轻人起身，然后优雅地坐下，他只扫了一眼曲谱，便开始弹奏勃拉姆斯的《降e小调谐谑曲》。李斯特的试奏不但准确无误，而且富有表现力，满堂宾客无不鼓掌叫好，勃拉姆斯惊叹得难以言表。李斯特见过的场面很多，眼前的不过是一个紧张的孩子罢了，他拍拍勃拉姆斯的肩膀，带着由衷的鼓励："年轻人，你的作品非常出色，看得出来，你很有天分，也很用功！"勃拉姆斯这才松了口气，向大师轻声道谢。李斯特的兴致很高，他又坐下身，演绎自己新近创作的《b小调钢琴奏鸣曲》。当演奏到得意之处时，他的眼神瞥向勃拉姆斯，希望从年轻的同行眼中看到些许感动或者理解之意，但他惊讶地发现勃拉姆斯居然睡着了！李斯特十分不悦，他很快结束了演奏，悄然退场。众人不解，这才发现熟睡中的年轻人。雷曼尼推醒他的朋友，责怪他说："你怎么能这样无礼！大师刚刚为你解了围，你却在他演奏的时候睡着了！真是不可思议！"雷曼尼颓然地感到自己精心安排的一切仿佛要毁于他这个上不了台面的朋友。而刚刚从无法弹奏的窘迫中恢复过来的勃拉姆斯也为自己对李斯特的冒犯感到深深的悔意，他恨自己不珍惜机会，甚至觉得给约阿希姆也丢了脸面。

第二天，李斯特似乎忘了这件事，继续以他的礼貌与仁慈款待两位年轻人，仿佛昨日什么事都没有发生，他还请二人在别墅多待几周。这让内心充满歉意的勃拉姆斯感到些许安慰，也让雷曼尼激动不已。

然而，对勃拉姆斯来说，接下来的时日，他越发觉得不适。别墅的主人宣称早就忘了母语而用法语谈话，来自各地的艺术家们客随主便，就跟着说法语，这对从小讨厌法国而不愿学习法文的勃拉姆斯而言有些困难。本就有些拘谨的他，现在更显得被孤立起来。另一方面，如果说之前他对李斯特的作品缺乏深入了解而难以说清自己观点的话，那么现在他确定了自己的态度。勃拉姆斯喜欢巴赫和贝多芬作品中的逻辑结构，那是一种坚实的存在。而他在阿尔滕堡中听到的倚赖文学或者绘画的声音可以说几乎亵渎了他对音乐的理解和追求，勃拉姆斯甚至想到他之前对李斯特无意冒犯的原因可能就是他对浪漫主义“不感冒”。更糟的是，和他一起巡演、一起拜访大师的雷曼尼自从勃拉姆斯的“无礼”表现后，就不愿搭理他，两人的隔阂越来越深。有一次，勃拉姆斯实在忍不住想和朋友表达一下他对李斯特作品的反感，雷曼尼赶紧止住他，说道：“你根本不懂李斯特的音乐！不要乱说了，勃拉姆斯！”然后彻底和他划清了界限，成为了李斯特的忠实追随者。

勃拉姆斯的日子更不好过了，尽管身边都是音乐界的翘楚或新锐，但自己与他们每一个人都没有共鸣。而且，这个不善交际的年轻人，常常不能隐藏自己对于周遭一切的厌恶情绪，即便李斯特不以为忤，其他人也看他不顺眼。勃拉姆斯越发孤独，只好写信给约阿希姆，因为他是同情自己的知音和导师，愿意倾听他的苦闷与沮丧：“雷曼尼丢下我离开魏玛，这纯属他个人的想法，因为我的态度不可能让他有一点借口这么做……”约阿希姆早就看出昔日同学的虚荣与善变，只是他还未来得及告诉勃拉姆斯。他很快回信，诚恳地邀请勃拉姆斯到哥廷根散散心，勃拉姆斯决定离开让他伤感的魏玛。

约阿希姆正在哥廷根大学听哲学和历史讲座，勃拉姆斯也随性旁听了一些课程，他喜欢聆听师生们理性的辩论，偶尔和他们一起饮酒作乐，阿尔滕堡别墅的不堪遭遇逐渐淡去。他很享受那段无拘无束的日子，不必为生计忙碌奔走，不用被迫听他讨厌的音乐，也无需理会令他反感的人们。他常常与约阿希姆探讨音乐，日子在不知不觉间逝去，而两人的友谊更加深厚了。

尽管雅各布和克里斯蒂娜收到的家信里满是儿子对于哥廷根生活的热切描述，但是他们心中充满了疑问：“巡回演奏会不是挺顺利的吗？怎么就突然结束了？难道没有钱了?”当他们焦头烂额地准备为儿子筹集资金的时候，才得知勃拉姆斯花着约阿希姆的钱在哥廷根度假。在信中，母亲焦虑地写道：“如果你在每一件小事上都花约阿希姆先生的钱，那么你将对他背负太多责任……孩子，你对人了解太少、信任太多啊!”约阿希姆则郑重地向朴实的家长们回信道：“约翰内斯以艺术家的姿态激发了我的工作灵感，这大大超过我的期望！尽管他很年轻，但是他那纯洁、独特、丰富的心灵与智慧，都展现在他的音乐里。而且，所有与他在精神上相通的人都会感受到他的本性带给大家的快乐……”勃拉姆斯一家人喜出望外，连约阿希姆这样有地位的音乐家都对儿子如此赞美，还担心什么呢?“约翰内斯在作曲上居然这么有天分呢！这小子，真是有两下子，比他爸强多啦!”雅各布咯咯地笑起来。

拜访舒曼夫妇

勃拉姆斯在哥廷根的日子随性而惬意，但这样的生活也是一种等待，即便有挚友与家人的理解和支持，他也不能消除内心隐隐不安的感觉。他还没有出版任何作品，他距离成为作曲家的梦想还很遥远。勃拉姆斯准备离开哥廷根，约阿希姆给他写了推荐信，希望他去拜访罗伯特·舒曼。舒曼作为浪漫派音乐大师的地位早已确立，如果他能为勃拉姆斯说上一句话，那么勃拉姆斯一定前途光明。勃拉姆斯表面上答应了煞费苦心的朋友，但是他有抵触情绪。一方面，魏玛之行让他对拜访音乐界名流产生了严重的心理阴影，另一方面，他之前寄给舒曼夫妇的作品曾被他们原封不动地退回。他那敏感而脆弱的神经，受不了再一次被折磨。

从和雷曼尼开始巡回演奏会那时起，勃拉姆斯就已经走在了流浪者的路上。这一次，他异想天开地决定先在莱茵河畔来个徒步旅行，他要一边走一边想想自己在音乐方面的定位。他在莱茵河上温习着他少年时期为之着迷的传奇故事，穿过一个又一个小城，还见到了约阿希姆在音乐界的朋友们。碰巧的是，这些人都十分推崇舒曼。勃拉姆斯和他们聊了很多，对舒曼的作品也有了一定的了解，感到有些共鸣。这一切似乎都暗示他一件同样的事情。终于，他决定拜访舒曼。

1853 年 9 月 30 日，20 岁的勃拉姆斯来到了舒曼夫妇位于杜塞尔多夫的家门口。他举起右手，又放下，呼出一口气。他定定神，再次将手举起，“咚咚咚”，节奏不紧不慢，他终于敲响了大师的门。他微欠身，不安地等待着。门开了，一个十来岁的小姑娘睁着大大的眼睛打量着他。“哦……我是约翰内斯·勃拉姆斯……嗯，我，我是来拜访舒曼夫妇的。”勃拉姆斯吞吞吐吐地说明来意后，小姑娘给出一个欢迎的表情，让他进了屋。

这是一栋舒适而朴素的房子，明亮宽敞，雅致温馨，还不时传来孩子们的笑声。勃拉姆斯有一种归属感，那不正是他一直所渴望的家庭环境吗？他被带到一位中年男人身旁，心想，这就是舒曼了吧？那人投过来的目光带着和善的疑问，似乎没有李斯特的矫揉造作，勃拉姆斯特别想和他说话，敲门时的紧张感消减了许多。

“想必您就是舒曼先生了？哦，我是约翰内斯·勃拉姆斯，约瑟夫·约阿希姆让我来拜访您，这是他写的推荐信。”勃拉姆斯恭敬地把信递给舒曼，心里有些忐忑，但更多的是一种笃定。

“嗯，勃拉姆斯，在作曲方面很有天分……”舒曼一面读信，一面自言自语，然后抬起头微笑着说：“这样吧，年轻人，弹弹你的曲子。”

这恰是勃拉姆斯最想做的事情。他稳坐在钢琴前，手自然地放在琴键上，胸中似有很多很多话想对这位可亲可敬的浪漫主义大师说。“停！”他刚刚弹了几个小节，就被舒曼止住了，“克拉拉一定要来听听呢，”舒曼把妻子请进来，“你会听到之前从未听过的音符。”

一位美丽端庄的女人出现在钢琴旁边，哦，那是一双怎样的眼睛啊，闪烁着智慧，又隐隐透着忧郁。“开始弹吧，年轻人！”勃拉姆斯这才弹起他的《C大调第一钢琴奏鸣曲》，演奏中藏着自己对这两位前辈的景仰与喜爱之情。

音乐不疾不徐地推进，带着坚定、活力与柔情，回荡在房间里。舒曼夫妇已然沉浸在乐声中，好久没有听到这样亲切而迷人的乐曲了！舒曼仿佛看到了二十年前的自己，“啊，年轻人，热情而不张扬……这乐思，太美妙了！他已经发掘了真正神奇的领域，他的奏鸣曲像乔装的交响乐一样……”

克拉拉也被勃拉姆斯的音乐感动了，“他弹奏的音乐是如此完美，好像是上帝派他到这个世界似的。丰富的想象，深厚的感觉，还有完美的表现手法，哦，不可思议!”

勃拉姆斯演奏结束，舒曼夫妇意犹未尽。勃拉姆斯看到舒曼夫妇那因喜爱他的音乐而洋溢着光泽的面庞，心里充满了慰藉，看来拜访两位大师是正确的决定，他们理解他的音乐。

“非常完美，年轻人!”舒曼由衷地赞叹道，“听到你的音乐，我真是难以想象自己二十岁在做什么呢……恕我直言，你绝对前途无量，只要你身体健康，一切都会顺利的!”克拉拉微笑着点点头，她十分同意丈夫的评价。

勃拉姆斯不好意思地笑起来，额前的头发因为刚才过于投入的演奏还有点凌乱，但他的心已安定了许多，有挚友的推荐，有大师的肯定，未来的道路更加明朗了呢!

舒曼夫妇坚持让这个年轻的天才留在杜塞尔多夫，为了让他每天上门拜访，他们给他安排了就近的住处。在音

钢琴旁的舒曼夫妇

乐方面，舒曼夫妇成为了勃拉姆斯的良师益友，舒曼给予年轻人以宝贵的创作经验，克拉拉则讲解钢琴演奏的技巧，这让勃拉姆斯受益良多。勃拉姆斯对舒曼夫妇原本就有一种天然的亲切感，现在，他已被他们纯朴与高尚的品格所深深吸引。舒曼的热情被年轻人的才华激发出来，那些天，他一直处于高度亢奋状态，他在日记中称勃拉姆斯为“雏鹰”，在给约阿希姆的回信中形容勃拉姆斯是“属于未来的大师”。克拉拉为勃拉姆斯的音乐所感染，为丈夫重新焕发出的光彩感到欣慰，她经常称勃拉姆斯为“罗伯特的约翰内斯”。

在杜塞尔多夫停留期间，勃拉姆斯完成了《f 小调第三钢琴奏鸣曲》，并创作了一些独唱作品。他还接触到很多舒曼的朋友，在和众多艺术家和作家的相处中，他的视野得到了极大的拓展。他和舒曼的一个学生，24 岁的阿尔伯特·迪特里希结下了深厚的友谊。在迪特里希眼中，勃拉姆斯看起来像个小男孩，那富于想象力的脑袋顶着美丽的发丝，眼眸湛蓝深邃，嘴唇散发着独特的活力。勃拉姆斯还以独奏者的身份参加一些聚会，那些聚会中的人们都是和他心灵相契的，他感到很舒服。迪特里希曾记录过勃拉姆斯在音乐会上的表现：“他演奏的时候，将头倾向琴键，像是一种习惯，他还兴奋地大声哼着自己演奏的旋律。面对听众如潮的赞美，他总是谦逊地反驳。每个人都对他卓越超群的才华感到惊讶。”在写给友人的信中，迪特里希给出了自己对勃拉姆斯音乐的看法：“勃拉姆斯现在的作品已经达到了极高的成就。如果他的音乐能唤起你的记忆，那么你一定会感受到其中蕴含着的贝多芬晚期作品的影子。另外，勃拉姆斯的作品都有一抹民谣的色彩，我坚信这是他音乐里最迷人的地方。”

民谣确实是勃拉姆斯作品中的重要组成部分，勃拉姆斯曾告诉迪特里希，民谣的歌词常常能够激发出他的音乐灵感。勃拉姆斯在杜塞尔多夫认识的艺术家中，有一位叫阿齐姆，他是浪漫派运动的先驱，曾出版过德国民谣选集《少年魔号》，勃拉姆斯也从他那里丰富了自己在民谣音乐方面的知识。

轻松愉快的环境让勃拉姆斯性格中的另一面自然地展现出来。他不只是看起来像小男孩，实际上，他平日里的表现就像个没长大的孩子。他常常喧闹着跑上楼梯，用双拳“砰砰砰”地猛敲迪特里希的房门，不等朋友回应，就冲了进去，把他新的乐思滔滔不绝地讲出来。有一次出游，勃拉姆斯跑到田地里拔萝卜，把它们清洗干净之后，就献给女人们做点心，还朝她们顽皮地眨眼睛。

不久，约阿希姆要来杜塞尔多夫举办演奏会，情绪一直很高的舒曼提议大家玩个音乐游戏，“咱们为什么不集体写一首小提琴奏鸣曲呢？作为欢迎约瑟夫的礼物”，这个提议得到了大家的赞同，第一乐章由迪特里希来写，谐谑曲（第三乐章）由勃拉姆斯执笔，舒曼负责间奏曲（第二乐章）和终乐章部分。这三个音乐顽童将约阿希姆的座右铭“自由却孤独”的单词首字母组成的三个音 F. A. E. 作为贯穿全曲的主题，并隐去了他们自己的名字。约阿希姆在音乐会上欣然演奏了这首奏鸣曲，并且毫不费力地猜出了每个乐章的作者。后来，勃拉姆斯创作的谐谑曲乐章经常被单独拿出来演奏，这一乐章里偶尔出现的强有力的节奏已具有成熟作曲家的功力。

间奏曲是一种音乐形态，产生于17世纪左右的意大利，原本是幕间戏，即在大歌剧的两幕之间演出的独幕喜歌剧，后来演变为穿插在歌剧的两幕之间或两场之间的管弦乐曲，以及交响曲、协奏曲、组曲、室内乐等套曲中两个主要乐章之间的短小乐章。

勃拉姆斯受挚友的启发，也为自己立了座右铭——“自由而快乐”，其中蕴藏的情感经常出现在他的作品中。

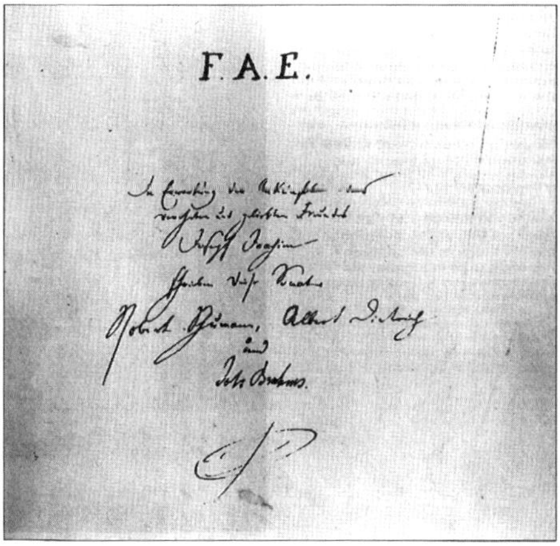

F. A. E. 奏鸣曲，封面由舒曼设计

新的道路

勃拉姆斯就要离开杜塞尔多夫了，舒曼决定尽自己最大的努力帮助他。舒曼给自己的出版商去信，希望他们对勃拉姆斯想要付梓的任何作品多多关照。勃拉姆斯知道后十分高兴，他将自己创作的所有曲目做了彻底的修订，不久就离开舒曼家，到汉诺威找约阿希姆去了。

一天，他翻开于 10 月 28 日出版的《新音乐》杂志，呆住了。一篇标题为《新的道路》的文章这样写道："他不是在我们的注视下渐渐成熟起来并达到精深造诣的，而是像从天帝朱庇特的头脑中突然跳出来的罗马女神密涅瓦，全副武装地站在我们眼前。他已然到来了！这位名叫约翰内斯·勃拉姆斯的青年，自襁褓中就被艺术女神和英雄们守护着。……他的一切，甚至他的外貌，都告诉我们，这是一位出类拔萃的人物。他坐在钢琴前，带领我们从美妙的意境逐渐探入神奇的幻境，他那出神入化的天才技艺将钢琴变成了一个众声会合、时而哀怨呜咽时而响亮欢呼的管弦乐队。……这位艺术家像那湍急汹涌的洪流，直往下冲，汇成一股奔流不止、飞沫喷溅的瀑布，在它的上空闪耀着斑斓的彩虹，两岸有翩翩飞舞的蝴蝶和婉转唱歌的夜莺。……我深信，如果勃拉姆斯将他的魔杖指向管弦乐团或合唱团，那么借助于这么丰富的资源，他将为我们展现出其对精神世界的更奇妙的洞察！”作者署名罗伯特·舒曼。勃拉姆斯没有想到，舒曼为了他眼中的天才，打破了十多年的沉默，提笔写下一篇长长的推荐文章。勃拉姆斯初读时受到巨大震撼，受宠若惊，扬扬得意，而回味时却又忧心忡忡起来。他才 20 岁，可以说是音乐界的毛头小子，初来乍到，乳臭未干，现在居然被德国一流作曲家誉为“命运之子”，他将受到大众的多少期待啊！不仅如此，自己是否会遭到嫉恨也未可知呀！他甚至也不知道自己能否对得起舒曼的赞誉。

11 月 16 日，他给舒曼回信说：“您屈尊夸赞我已经引起了众人的颂扬，这将大大增加整个音乐界对我的作品的期望。我真的不晓得如何才能客观地看待那些作品，不过这倒驱使我用最审慎的态度去选择要出版的曲目。……我

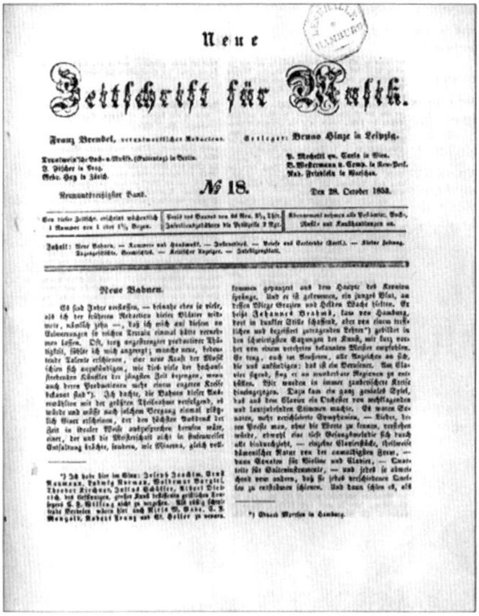

Neue

Zeitschrift für Musik.

Franz Brendel, verantwortlicher Redacteur. Verleger: Bruno Hinze in Leipzig.

№ 18.

Den 28. October 1853.

Neue Bahnen.

刊登在《新音乐》杂志上的《新的道路》

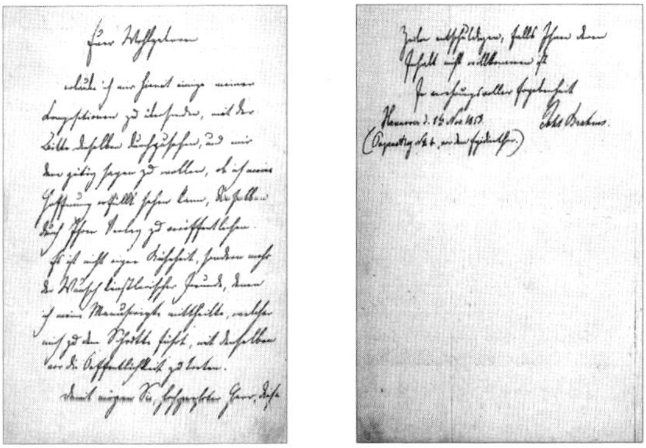

1853 年 11 月 8 日勃拉姆斯在汉诺威写给出版商的第一封信

目前的想法是不出版任何一首三重奏，而选择 C 大调、升 f 小调钢琴奏鸣曲分别作为我的第一号和第二号作品；第三号，我觉得歌曲比较合适，第四号选《降 e 小调谐谑曲》。请您明白，我正尽我所能不让您蒙羞。”他所提到的三重奏只有一首 A 大调于 1938 年被偶然发现并出版，其他都没有流传下来。这首曲子没有标题，也不是一首伟大的作品，却强烈地显示出 20 岁的作曲家那恣意的具有爆发力的浪漫主义倾向。他还大幅修改了一首弦乐四重奏，准备交给出版商，却因自己不满意而毁掉了作品。月底，勃拉姆斯抵达莱比锡，受到舒曼的出版商的热情接待，不久他的作品就出版了，小赚了一笔稿费。

舒曼的推荐文章使得勃拉姆斯在一夜间成为公众关注的焦点，有人赞赏他，有人攻击他。而在古典乐派音乐家的聚集中心——莱比锡，这篇文章像捅了马蜂窝一样，因为被舒曼热情欢呼着迎接的天才而后变为庸才的已不止一人，这一次，莱比锡的音乐才俊们带着怀疑的眼光观察着这位被舒曼誉为“雏鹰”的 20 岁的年轻人，心想：说不准又是昙花一现呢？

然而谨慎的勃拉姆斯在向出版商递交作品时就做好了心理准备。他和莱比锡布商大厦管弦乐团总监费迪南·大

柏辽兹

柏辽兹（1803—1869），法国浪漫主义作曲家，其作品以交响乐成就最高，兼具古典主义传统与浪漫主义精神。他的《幻想交响曲》开创了标题交响乐的形式，使得音乐与文学更好地结合。他著有《现代乐器法及配器法研究》，精于配器，并对管弦乐作品的创作方式、管弦乐队的编制和表现力有着深远影响。

卫一起演奏自己新近完成的奏鸣曲，还参加了一系列公开演奏会以及沙龙音乐会。在12月于布商大厦举行的演奏会上，柏辽兹也在场，在聆听了勃拉姆斯的音乐之后他怀着无比激动的心情当众拥抱了勃拉姆斯。李斯特也曾出席勃拉姆斯在莱比锡的音乐会，在写给友人的信中他直接表达了自己对勃拉姆斯的极大兴趣，阿尔滕堡别墅的插曲早就被他抛在了脑后。尽管如此，外界的评论好坏参半，有音乐杂志称“勃拉姆斯是受上帝恩赐的音乐家”，认为他总有一天会像舒曼所预言的那样取得巨大成功，但也有报纸质疑勃拉姆斯“绝对不会成为第一流的明星”。

尽管如此，年轻的勃拉姆斯很平静地接受音乐界的审视，他觉得总体来说自己获得了肯定，自己还年轻，路还很长，舒曼对自己的提携之恩，他没齿不忘，还要继续努力。

离开莱比锡，勃拉姆斯回到家乡，与热切盼望他回来的家人们团聚，一起度过圣诞节。九个月的阔别，眼前的一切，陌生又熟悉，走在汉堡熙熙攘攘的大街上，呼吸着比南方城市明显冷得多的空气，他有一种说不出的感觉。走之前，他仅仅是一个有潜力的新人，而现在，他可以说是载誉而归、衣锦还乡啊！只是，汉堡人尚未听到年轻人那蓬勃有力的心跳声。他走进根维尔泰尔酒吧，感慨万千，这样一个地方几乎扼杀了他的才华呀！他大声地敲击那些迫于生计而演奏的粗俗曲调，他在控诉曾经的不幸，也在为自己的成功呐喊：“汉堡，你听到了吗？你的儿子光荣地回来了！”

带着伟大前辈的器重与青睐，他以自信而坚定的面容迎接来自家人、老师和旧友的目光，彷徨与迷茫早已消失。勃拉姆斯一家人沉醉在圣诞节与新年的欢庆气氛中，雅各布此时已在汉堡剧院管弦乐团工作，家境有了改观，母亲又一次调制了蛋酒，准备了丰盛的菜肴，家里满溢成功的幸福滋味。

不久，勃拉姆斯接到第一批出版的作品，他即刻将作品给舒曼寄去，并附上一封信。在信中他说：“在此，我有幸寄给您我的作品——由您催生的第一个孩子。……对我而言，孩子的新衣看起来一本正经得有些过分了，令人感到窘迫不堪。我仍然看不习惯这诚实的自然之子身着光鲜新衣的模样。”

舒曼夫妇刻像，下面是舒曼的笔迹：
送给勃拉姆斯——来自真诚热爱他的舒曼夫妇

第3章：理智与情感

晴天霹雳

1854年1月，勃拉姆斯结束了短暂的假期，来到了汉诺威，与约阿希姆会合，在那里等待他的还有他在莱比锡结识的好友奥托·格雷姆。崭新的一年，崭新的开始，勃拉姆斯感受到前所未有的力量和希望。他完成了《B大调第一钢琴三重奏》的大部分，这是勃拉姆斯三首钢琴三重奏的第一首，也是他之后发表的第一部室内乐作品。35年之后，勃拉姆斯的出版商请他修订部分早期作品，其中就包括这首三重奏。修改后的作品少了“狂野”的自我，但并没有改变曲中热情而粗犷的旋律，钢琴、小提琴与大提琴之间的对话优美而动人。勃拉姆斯允许同时印行两个版本，但修订版经常在之后的演出和录音中出现。他还认识了彪罗，彪罗是瓦格纳的忠实追随者。不过，勃拉姆斯与彪罗、瓦格纳都还不清楚彼此之间将会发生怎样的故事。

重奏，即每个声部均由一人演奏的多声部器乐曲及其演奏形式，根据乐曲声部及演奏者人数，可分为二重奏、三重奏，以至七重奏、八重奏等。最常见的重奏形式是弦乐器重奏，如由两把小提琴、一把中提琴和一把大提琴组成，称为弦乐四重奏。在弦乐重奏中加入其他乐器，如由一架钢琴和两件弦乐器组成的重奏称为钢琴三重奏，又如由一支单簧管和四件弦乐器组成的重奏称为单簧管五重奏。

室内乐，原指欧洲贵族宫廷中由少数演唱演奏者参加、为有限听众演出的一种表演形式或作品；17 世纪初发轫于意大利，演出一般不需要指挥，以别于教堂音乐；18 世纪末以后，指由一件或几件乐器演奏的小型器乐曲，包括独奏曲、重奏曲以及用少数乐器伴奏的独唱或重唱曲，区别于大型管弦乐。

彪罗（1830—1894），德国指挥家、钢琴家和作曲家，1853 年首次登台演奏，1865 年开始指挥生涯，其指挥才能在迈宁根时表现得最为突出，他将该公国的宫廷乐队训练成为当时欧洲最好的乐队之一，其作品包括管弦乐叙事曲、钢琴小品和钢琴改编曲等。

瓦格纳（1813—1883），德国浪漫主义作曲家，对世界歌剧艺术有深厚的影响。他提出“乐剧”的概念，对传统歌剧进行了彻底的改革，强调戏剧第一、音乐第二，其作品以充满爱情、暴力、巫术与幽灵的神话传说绘制浪漫主义生活图景，或以史诗般的厚重寄托神圣的英雄情结，代表作《尼伯龙根的指环》《特里斯坦与依索尔德》《罗恩格林》等将浪漫主义歌剧发展到顶峰。

月底，舒曼夫妇也到达了汉诺威，他们将与勃拉姆斯、约阿希姆一起举行音乐会。性情相投的艺术家们聚集在一起，切磋音乐，探讨技术，登台演奏，一切变得简单而纯粹。年轻人身上因敬畏而导致的拘谨不见了，他们在温和友善的舒曼夫妇面前像儿子一样。不过，令敏感的克拉拉感到不解的是，每当她与勃拉姆斯目光相触的时候，勃拉姆斯马上回避她的眼睛，而当自己的眼光移开他时，他又会把目光转过来，她的余光告诉她，他在偷偷地注视她，“这孩子，真是奇怪……”克拉拉摇头自语。勃拉姆斯的古怪举止使得克拉拉对他多了几分留意。她逐渐发现，勃拉姆斯与年轻的罗伯特有些相像呢，他常常是沉默的，讲话都是用短音节，吐字很轻，偶尔会有些粗鲁的表达，他有时会突然陷入严肃的情绪，但他天生具有幽默感，仅仅是不善言辞。具有艺术家以及艺术家妻子双重身份的克拉拉明白，勃拉姆斯有他自己的隐秘世界，他生活在其中，并以自己的方式沉浸在所有美好的事物里，语言对他而言是多余的。

这期间，在朋友们的支持下，舒曼的音乐会大获成功，连国王都对舒曼的音乐感兴趣，大家倍感欣慰，友情更加深厚。然而，相聚的时光总是很短暂，舒曼夫妇要回杜塞尔多夫了，勃拉姆斯、约阿希姆和格雷姆把夫妇二人送到火车站。临行前，舒曼和勃拉姆斯长久地拥抱着，就像是再也见不着面似的。克拉拉面对眼前的离别场面，突然鼻子一酸，连忙转过身去，她不知道，离开这些可爱的朋友，丈夫的情绪又会变成什么样子呢……

原来，舒曼与精神错乱已交战多年，最近他又一次走

年轻时的克拉拉

舒曼夫妇

在了精神崩溃的绳索上——指挥工作的压力，事业发展的挫折，特别是乐派之间的纷争，正逐渐压垮他的神经。尽管如此，克拉拉想，好在丈夫多年的梦想——找到一个继承巴赫、贝多芬传统的新一代古典音乐人——几乎已经实现了，勃拉姆斯的出现已经大大减轻了舒曼的忧虑，他在古典阵线上的坚守不再孤单。

火车开动了，三个年轻人挥手告别，直到再也看不到舒曼夫妇的身影。勃拉姆斯心里有一种说不出的失落感。舒曼，他人生中的贵人，让他愈发坚定地走在理想的大道上，舒曼的恩泽将永远地根植在他所忠诚对待的音乐上面。克拉拉，她身上温柔体贴的母性情怀，让他深深地眷恋着，她对于他，像母亲却又不像母亲，她理解他的天真，更理解他的音乐。此时此刻，舒曼夫妇就像他的家人一样，让他特别地不舍。

不久，约阿希姆和勃拉姆斯收到了舒曼来自杜塞尔多夫的信。他写道："我常常想起过去的那些时光，和善的王室，优秀的管弦乐团，还有两个年轻魔鬼的丰富想象力贯穿其间……你们的音乐创作进展得怎么样了？……雪茄带给我无穷的乐趣，它们有一种勃拉姆斯式的味道，相当强烈却很有滋味……"年轻人欣喜地读着舒曼热情洋溢的文字，全然想不到那只是一种假象。舒曼又开始幻听了，天使的吟唱与魔鬼的吼叫在他分裂的性格中高低起伏，他说不清是旋律还是其他，常常伏在案头，苦苦地回忆脑海中的声音，试图记录下来，甚至夜不成眠。他的眼前时常出现各种各样的幻象，他以为自己正置身于天堂门外却无法踏入一步，“那里云雾缭绕，鸟语花香，流水潺潺，呵，多么美妙！我在快乐地受苦！”舒曼对妻子讲述自己的幻觉，眼中放着奇异的光芒。克拉拉异常焦虑，她多么想帮助丈夫克服困扰，却发现自己根本无法分担他的痛苦。2月27日早晨，身着怪异的舒曼趁克拉拉与医生谈话的工夫，悄悄离开了家。那天是狂欢节，舒曼的奇装异服并没有引起路人的注意，他径直奔向莱茵河上的桥头，纵身跳到了河里。万幸的是，桥下正巧有船经过，船上的人把舒曼救了上来。可惜，舒曼的神智已完全错乱了。

舒曼的朋友们在报纸上得知了他企图自杀的消息，难以置信，但他们很快相继到达杜塞尔多夫，看望已经发疯的音乐家。勃拉姆斯是第一个到的，当看到一个月前还与他一起畅谈音乐理想的舒曼被折磨得痛苦不堪的样子时，勃拉姆斯的心一阵阵抽搐。

克拉拉悲痛不已，她憔悴了许多，消瘦了许多，黯淡的眼睛里满是绝望。舒曼的六个孩子已经感到了家中气氛的凝重，悄然不语，他的第七个孩子还在克拉拉腹中。

勃拉姆斯望着这不幸的一家人，想到之前他们温馨幸福的种种场景，那最令他羡慕、让他获得归属感的家庭生活，想到他和他们如家人一样的相处时光，他实在不能接受眼前这一切！

舒曼，他感激不尽的恩人，志同道合的师友，如父亲一样关怀他，怎么就精神崩溃了呢？勃拉姆斯越想越难过，他跑到屋外，对着天空疾呼："苍天，上帝！为什么？为什么要让善良的舒曼一家经受如此残酷的命运？"

朋友们陆续前来看望舒曼一家，让克拉拉内心的苦楚减轻了一些，但分身乏术的他们也只能停留片刻。很快，舒曼被送到恩德尼希的一家私人精神病院接受治疗，离波恩不太远。舒曼曾是克拉拉的精神支柱，现在他垮掉了，她感到十分无助。但是，面对这么多孩子，还有一个待出世的婴儿，以及舒曼的医疗费，越来越大的开销不容她过分沉溺在悲痛之中，她需要全力撑起整个家庭，她开始招收钢琴学生，弥补开支的不足。

舒曼一家的遭遇让勃拉姆斯十分痛心，他本来没有什么演出安排，现在正是他报答恩师的时刻，照料他的家人、帮助克拉拉分担苦难是自己义不容辞的事情，于是就毫不犹豫地留了下来。

舒曼一家的忠实守护者

舒曼住院后，勃拉姆斯就成了舒曼家里的常客。克拉拉偶有身体不适，勃拉姆斯就代她教学生，也替她跑腿办事。他出面将无聊的访客挡在门外，不让琐事烦扰她。他小心地照看舒曼的孩子们，给他们讲故事，为他们弹民谣。当不谙世事的孩子不解地问勃拉姆斯："爸爸去哪里了呢，怎么还不回来呀?"他总会收起眼角的感伤，拍拍孩子的脑袋，微笑地回答："你们的爸爸去外地演出了呀，还得过几天才能回来呢。别急，爸爸会给你们带礼物的。"勃拉姆斯知道，唯有音乐才是缓解克拉拉精神的良药，他为她弹奏舒曼的音乐，也弹自己的新作，包括已经完成的《B 大调第一钢琴三重奏》，试图让她暂时忘记所有的纷扰与苦痛。克拉拉听到那充满希望的乐曲时，内心感到了不少慰藉。钢琴前的年轻人沉浸在演奏中，夕阳余晖环绕着他，他那细细的发丝被镀上一层金边。她知道，他在努力让她走出阴霾。她在日记中写道："勃拉姆斯的话不多，但眸子里透出的是悲伤……我已深感他的牺牲，此时陪伴我身边，对这样一位天才而言，就是一种牺牲。"

这段时间，舒曼的消息不时传来，起初是"罗伯特很安静，也许他的精神很快就会得到恢复"，没几天又变成"他在房间里不安地踱步，或者两只手绞在一起，头埋在膝盖上"。克拉拉的心，随着消息的时好时坏而起起伏伏，等待的日子特别难熬。4 月 25 日，医生带来消息，"没有任何好转的迹象"的诊断结果将舒曼的疗养从"暂时性"拖进无限期，克拉拉无法接受，将自己关在房间里谁都不想见。勃拉姆斯在杜塞尔多夫的逗留时间因舒曼病情不见好转而延长，他以他的忠诚心甘情愿地守护在恩师的家人身旁。在陪伴克拉拉的日子里，他逐渐发现这位伟大女性身上的隐忍与忧郁，这些都让他不能想象自己离开她的情形，他多想拨开她心中的愁云呀！

6 月 11 日，舒曼与克拉拉的最后一个孩子出生了，克拉拉为他取名费利克斯，这是门德尔松的名字，她知道丈夫一定喜欢。然而，小儿子的出生并不能缓解克拉拉内心的痛苦，从舒曼住院到现在，她还从未听说丈夫提出想见她，甚至从未提过她的名字，只有不断的坏消息，而现在，舒曼都不知道这个孩子的存在……产后的克拉拉身体虚弱，心都快碎了，她听从医生的建议，去奥斯坦德海滨疗养一段时间。克拉拉离开之后，勃拉姆斯才发觉自己对她的眷恋已发展到何种程度："唉，她不在的日子，我该做些什么呢？即使是一段很短暂的别离。"其实，勃拉姆斯有事可做，他谱曲，并照看她的孩子们，但他内心十分惆怅。

8 月，恢复了体力的克拉拉开始面对家里日渐窘迫的经济状况。她谢绝了朋友们的援助，决定重返演出舞台，靠着自己的力量维持这个家庭。勃拉姆斯未能与克拉拉相处太久，便又要开始忍受她不在的日子。在克拉拉离开杜塞尔多夫前，勃拉姆斯将他自己认为的佳作交给她，这里面有他修订的旧作，也有近几个月以来的新曲目。尽管舒曼一家的伤痛已经深深印在了勃拉姆斯那敏感的心里，但为了不加重克拉拉的悲伤情绪，他的新作品中几乎没有表露正在经历的一切。他根据舒曼的音乐主题创作的《舒曼主题变奏曲》有两组，一组是送给克拉拉携费利克斯重返故乡的礼物，另一组则是以"人"为主题的带有匈牙利音乐风格的变奏。他还完成了《四首钢琴叙事曲》。虽然这些曲子都展现了浓烈的情感，但都不是作曲家真正想表达的。他对舒曼疾病的担忧，对克拉拉的依恋与思念，都仅仅出现在他落笔的一瞬间，却无法在那一个个音符串联而成的旋律和节奏中找到。

克拉拉不在身边，绵绵的思念搅扰着勃拉姆斯，他无法安心地谱曲，于是将孩子们暂时交给女管家，去黑森林徒步旅行，想让自己平静下来。走在那深邃的丛林里，他思索着自己与克拉拉的关系。“至少是友情，艺术家之间的惺惺相惜，敏锐的克拉拉理解我的音乐……又是亲情，她像母亲一样体贴温柔，无微不至……可是我为什么如此眷恋她？啊，克拉拉，女神一样的存在，善良纯洁，宽厚仁慈！……或许这浓重的思念就是爱吧，是的，是爱情。但为什么这样苦涩？……舒曼，我的恩师与挚友，我怎么能……克拉拉是深爱罗伯特的，毋庸置疑……”年轻的勃拉姆斯越思量越迷茫，这趟旅行变得毫无吸引力，参天大树遮蔽了阳光，在他看来周围的一切像被笼罩在午夜的漆黑中一样，他觉得回到杜塞尔多夫静静等候克拉拉归来都比四处游荡要好。他给克拉拉去信：“我再也受不了了，今天就要回去……我根本没办法享受旅行，所有的事情都显得那么沉闷无趣。”

> 黑森林位于德国西南部，是德国最大的森林山脉，最高峰是海拔1493米的费尔德贝格峰。黑森林四山上林区内的森林密布，远远望去黑压压一片而得名。

离圣诞节还有十天，在又一封写给克拉拉的信里，勃拉姆斯忍不住表白：“如果我能征得上帝允许，亲口说出我爱你若狂，而不是写封信来告诉你，该有多好……眼中的泪水让我无法再说下去……”克拉拉一直把勃拉姆斯当作儿子看待，她爱惜他的才气，珍惜他的忠诚，她认为这不过是一个孩子对母亲的过分思恋而已。

当勃拉姆斯得知克拉拉不日要在汉堡开演奏会，他匆匆忙忙地搭乘最早的一班火车赶到了家乡。又是将近一年没回家了，与去年不同，他是怀着沉重和纠结的心情回来的，恩师病情不见好转，自己对师母的爱恋愈加浓烈却无法公开，个人发展几近停滞……他不知道此次返乡的目的，或许只是想介绍自己的师母兼朋友克拉拉给父母认识吧。他确实这么做了，让他欣慰的是，他们彼此相处得很愉快。圣诞节马上就要到了，勃拉姆斯与演出结束的克拉拉一起离开了汉堡，这让他的家人们感到困惑和不悦，儿子居然不在家里过节，这还是第一次啊！马克森十分生气，他的学生自从被舒曼捧出、引起全世界瞩目后，已经休息了整整一年，没有任何巡回演奏，难道勃拉姆斯要做一颗流星吗？

对勃拉姆斯来说，自己目前的状态是否让舒曼的预言变成了笑话，早就不重要了。他陪着克拉拉回到杜塞尔多夫。勃拉姆斯知道，在节日期间，克拉拉对舒曼的思念之情会更加强烈，遗憾的是，医生一直不准许病人最亲近的妻子干扰他的恢复过程，在这样特殊的时期，克拉拉和孩子们需要勃拉姆斯留在他们身边给予精神上的支持。

不久，看望舒曼的约阿希姆带来了舒曼写给勃拉姆斯的信。舒曼逐渐恢复的事实，让勃拉姆斯甚感欣慰，而当他读到舒曼直接用“你”称呼自己时，他受到了极大的鼓舞。他马上给恩师回信：“来自您信中的一个美丽的词汇——‘你’，令我感动不已。您的和善的妻子已经用‘你’来称呼我了。这个称呼是我获得你们的爱的最有力的证明……”

1855 年 1 月，勃拉姆斯终于被医生获准与舒曼见面。他清楚地记得舒曼离开杜塞尔多夫的情景，那是怎样痛苦的面容啊！现在，恩师就坐在他面前，多少有点迷离的眼神暗示着其所得病症的顽固，但勃拉姆斯看得出来，舒曼的精神状态已有了较大的改观，二人甚至合奏了一曲。朋友叙旧，时光飞逝，医生允许的四个小时的探望时间不知不觉就过去了。当勃拉姆斯要离开时，舒曼还坚持要陪他到火车站，只不过有护士跟着。他们还去了教堂、贝多芬纪念馆，最后勃拉姆斯把舒曼送回恩德尼希，当两人拥抱惜别的时候，勃拉姆斯眼前突然浮现出一年前在汉诺威与舒曼告别的情景，他的眼眶模糊了……这一别，不知恩师会怎样，他一定会恢复得更好的！

在火车上，勃拉姆斯迫不及待地打开信纸，要把舒曼的好消息写给克拉拉："我把您的画像拿给他，您一定想不到他有多么激动，他双手颤抖着捧起画像，仔细地看着它的每个细节，眼睛含着泪水，他哽咽着说他盼望这个已经很久了，然后深深地吻了它……罗伯特的心情一直都不错，很平静，很温和……"那时，克拉拉正奔走在新一轮巡回演出的路上。当她收到勃拉姆斯的信时，眼泪哗哗地流下，不能自持。一年了，她一直无法与丈夫相见，那种思念噬咬着她的心，而他曾经的沉默也让她一度猜测丈夫是否怀疑自己对他的情义，那原本就是坚贞不渝的啊！如若没有家庭的责任与朋友的关照，她几乎就垮掉了……现

克拉拉画像

舒曼画像

在，舒曼的病情有所好转，克拉拉又看到了希望。

克拉拉这次外出巡演的曲目大部分是舒曼所作，她的努力使得丈夫的音乐广为流传，自己也颇受欢迎。克拉拉偶尔也弹奏一些勃拉姆斯的作品，但显然观众还不大适应这个年轻人的音乐。克拉拉在日记中写道："罗伯特的音乐悦耳动听，内容轻柔恬静，约翰内斯的音乐则是尖锐、急促的。我理解人们为什么难以走近它。其实男人的粗暴外表可以掩饰其最温柔的内核，可惜旁观者一般察觉不到。"在莱茵河音乐节上，克拉拉见到了她的歌唱家朋友珍妮·琳达。琳达认为勃拉姆斯是一个有"错误倾向"的作曲者，克拉拉不应浪费时间和精力去演奏他的作品，克拉拉并不能接受好友的建议，她无论从音乐上还是情感上都是欣赏勃拉姆斯的，二人因此不快。

这期间，舒曼也开始给妻子写信了，内容简短，思维跳跃，他有时谈勃拉姆斯，有时报告病情，有时则是对过去生活的点滴回忆。克拉拉为舒曼反复不定的病情而揪心痛苦，却不得不在舞台上微笑表演，做戏一样的生活使她很受折磨。还好，勃拉姆斯的信多少能够舒缓她压抑的神经。他为她带来孩子们的好消息："小家伙们每天都开心而健壮地成长着！"他与她分享舒曼在恢复过程中的进展：

“罗伯特开始关注音乐界的新闻了，对音乐创作的兴趣也在增加呢！”信里还有年轻人欲说还休的情愫：“在你每封信之间的等待是多么漫长啊，亲爱的克拉拉，我每天都在渴望你的信……我写的千万种事情都像我的思想一样离你那么远……”

3月底，克拉拉重返杜塞尔多夫。两个多月的旅行与持续的担忧让她又瘦了一圈，身体状况颇为不佳。勃拉姆斯强迫她给自己放个假，远离音乐会与聚会。他常常陪她出去锻炼、散步，让她疲惫的身心得到了一定程度的放松。勃拉姆斯多么想就这样一直陪伴着她，直到她脸上的愁容全部散去。

炽热情感何处安放

好景不长，舒曼病情恶化的消息再次传来，克拉拉刚刚恢复的精神又黯淡下去，她经常呆呆地坐着，陷入沉思，一言不发。勃拉姆斯看在眼里，急在心上，却拙于用言语去安慰她。他也知道，如果他不努力，那么克拉拉在绝望的泥淖中将越陷越深。他为她弹钢琴，读诗歌，试图把她的注意力转移到乐声和文字的世界里。他还带着她去莱茵河畔散步，有时为她讲他少年时代沉迷的骑士故事，他实在不善言辞，但他感觉她听得懂。

7 月里的一天，勃拉姆斯带着克拉拉和其他几位女士去莱茵河上度过了五天的旅行生活。莱茵河水的清丽以及两岸的壮观景色让克拉拉暂时忘掉了一切忧伤，与朋友们特别是勃拉姆斯分享令她惊叹的美景是一件特别美好的事，而且勃拉姆斯那被自然之美所震撼的神情让她感动，更让她觉得自己和他一样年轻。然而，她内心越是感到愉悦，脑海里舒曼孤独煎熬的面容越是清晰。勃拉姆斯并未醉情于山水之间，他的目光常常掠过克拉拉，敏感的他看得见那眉梢上、眼角里的点点思绪与游离，他知道她还未完全放下，而且她也不会完全放下，但他坚信这样的出游必定是有益处的，或许自己应该更加快乐放松才是，至少看起来如此，这样才能感染克拉拉。对勃拉姆斯而言，深埋哀伤情绪于心底，而绽放一张笑脸，并非难事。勃拉姆斯带着克拉拉在山林间尽情游玩，抛开一切凡务琐事。他带着

克拉拉

勃拉姆斯

天生的幽默感讲冷笑话，他有时哼唱走调的旋律，他像个导游，带着女人们喝山泉，采野果。天地之间仿佛是这位流浪者的家，他像个主人一样，热情地款待他的朋友们，特别是他最在乎的女神。他的努力没有白费，克拉拉的眼睛里洋溢着幸福，同伴的活力传给了她，她容光焕发，心满意足！不过，她也奇怪自己当初怎么会感觉勃拉姆斯像年轻的罗伯特，这个年轻人简直就是罗伯特的反面啊！但克拉拉不知为什么，越了解勃拉姆斯，自己就越喜欢他呢。勃拉姆斯多么想让这样的时光走得慢一点、再慢一点，克拉拉难得如此高兴，自己心头的纠结情绪似乎也平复了一些。

幸福的时光稍纵即逝。与克拉拉又一次分离后，勃拉姆斯那爱情的炽火燃烧得更加猛烈，他难以自持。他不明白自己究竟做错了什么，上帝居然给他安排这样一个感情旋涡，让他越陷越深，偏偏自己所钟爱的女人竟是年长他14岁的师母！每当他想起身在精神病院的恩师，一种难以名状的负疚感就会涌上心头……然而他又无法阻挡自己对克拉拉如潮水般的爱意，理智的堤坝就要崩塌了，之前所有的压抑早就耗尽了他的气力，他无力抵御，终于任凭情感恣意流淌。8月，在给克拉拉的一封信中，年轻人写道：

“我无时无刻不在勤奋地弹琴、读书，还有思念你，我一直在思念你……很久以来我从未像思念你一样对某个人充满爱意地朝思暮想，今夜我是多么渴望能收到你的信啊……如果我不能得到你，我无法想象我将是多么的悲伤……原谅我，也请您全身心地拥抱我吧！”

收到勃拉姆斯的信，克拉拉知道自己再也不能回避了。在感情方面，她是过来人，二十多年前与舒曼从相知到苦恋，她至今历历在目，敏感的她，又怎么看不出勃拉姆斯那涌动而又被抑制的情绪呢？只是她不愿多想，她宁愿相信他在以前信中的闪烁其词是他对她怀有母亲之爱而不好意思直接表达出来，他避开的眼神是他拘谨害羞本性的流露，他眼角的忧伤和时好时坏的脾气是一个音乐家的特质。她是一直把他当儿子看待的，她比他大 14 岁，舒曼是他的老师，她则是他的师母，她对他的关怀源自她身为七个孩子的母亲的天性与本能。她也视他为知己，他们讨论音乐、演奏与作品，相知相惜，舒曼的眼光是没有错的，这个天才确实能够接过他的衣钵，将新古典主义传承下去。可是只有这些吗？在舒曼患病期间，如果没有勃拉姆斯的忠实守护，她无法想象自己能否坚强地挺过来，而且她喜欢并渴望他的陪伴，似乎只有他才能给她面对未来的勇气。她感到，这似乎早已超越了亲情与友情。但她也明白，假如舒曼没有深陷病患，或者勃拉姆斯不是这么忠心，她绝对不会产生这样的情感。她和舒曼终成伉俪，是经过与父亲苦斗后得到的，历经那么多坎坷，她的爱早就毫无保留地献给了舒曼，还有什么剩下的要送给别人呢？

她把信又读了一遍，那年轻人的青春狂想曲，在她沧桑的心墙上又反射回一点点声响，她不能否认在这样艰难的时期自己需要一个肩膀，但是她不能任性。她摇摇头，把勃拉姆斯的信放在一边，叹了口气，提起笔开始写回信，信中她谈舒曼，谈音乐和作品，唯独不谈情感。

勃拉姆斯终于等到了克拉拉的回信，却没有读到自己期待的文字。他迷惑不解，他那么清楚地表明了心迹，为什么她只字不提？他一遍又一遍地读，却找不到一丁点儿的暗示。他的世界彻底黑暗了，他不知何去何从……

当克拉拉发觉她已经好几天没有勃拉姆斯消息的时候，她才意识到那次回信或许像一盆凉水一样浇灭了勃拉姆斯的激情，并深深伤害了他。可是她又有什么办法呢？但她不想因为情感的原因让天才一蹶不振。更何况，从舒曼进医院到现在已有一年半的时间，勃拉姆斯几乎停滞不前，他那么忠心耿耿地陪伴着舒曼一家，做出了那么大的牺牲，克拉拉心怀愧疚。她决定帮助他振作起来，就像之前他帮助自己一样。在又一封写给勃拉姆斯的信中，克拉拉劝他："舒曼住院以来，你就一直照顾着我们，我由衷地感谢你！但是你的事业也因此耽搁了……你是个很有天分的人，我想，你心里也很清楚这一点。但如果你仅仅满足于将才华闲置于杜塞尔多夫，我相信舒曼会十分失望，而我会愧疚的，我将无法原谅自己，甚至不知道如何向你在汉堡的可亲可敬的家人和老师交代……"

勃拉姆斯读着克拉拉的信，思绪纷乱。回想过去的一年多时间，确实，无论在创作上还是教学上，他都没有多少收获。他也理解来自汉堡的不解甚至责备，但他有自己的决断。舒曼一家需要他，他是心甘情愿为之付出的，即使个人发展搁浅，他也在所不惜，从来都没有埋怨过。其实他也在努力，但内心的情感，涌动起来常常如滔天的海水一般，颠簸着他，让这个年轻的水手头晕目眩，找不到方向。"唉，克拉拉，您难道不知道我每天是有多么难熬吗……"他叹道，"或许，我应该听你的。这样下去也不是个办法……"

重返事业轨道的快捷方式是通过巡演亮相公众，他向克拉拉表示愿意从钢琴演奏家做起，与管弦乐团合作演出，这让克拉拉感到宽慰。

这段时间，舒曼的病情一直恶化，克拉拉已有好几个月没有收到丈夫的信件了，面对她充满焦虑的询问，医生的回复是“您必须面对舒曼先生没有恢复希望的事实”，她再次跌入深渊。在勃拉姆斯不造访的日子里，她也会抚摸琴键，这样一个聪慧的爱乐人，她明白应当如何去填补心中的空洞，遗憾的是，那是一个无底洞。她常常陶醉在美妙的乐音里，忘记一切，却在合上琴盖的一刹那，突然陷入绝望之中。心情的反反复复让她窒息，却让她难以挣脱。她也知道听凭情绪左右将不会改变任何事实，她只会更加沉沦，而她还有七个孩子……她决定振作起来，举行巡演依然是不错的选择，既能转移自己的伤痛，又能为家里多赚些钱。正巧，勃拉姆斯意图脱离停滞状态，何不邀他一起参演？

克拉拉很清楚，勃拉姆斯在公众面前从未发挥过其真实的水平——他太害羞了，她提出帮勃拉姆斯克服他的怯场情绪。她陪勃拉姆斯进行了多次“日场”练习，年轻人对自己的演出水平渐渐有了信心。只是，克拉拉那娟秀而忧郁的面庞，那低柔而磁性的声音，还不时会拨乱他的心跳。

11 月，勃拉姆斯出现在约阿希姆和克拉拉的巡回音乐会上。在但泽，演出相当成功。好的开端使得勃拉姆斯做出独闯天下的决定。他前往莱比锡、不来梅和汉堡，第一次以独奏者的身份与管弦乐团合作，演奏贝多芬与莫扎特的协奏曲。刻薄的音乐评论家认为：“在沙龙音乐会上，他的演奏不够轻松自在；在正式音乐会中，他的演绎缺乏热情。如果说代表国家，他本土化不足；若是谈到代表城市，他又没有世界性。”

那时勃拉姆斯刚开始学习控制自己的激情，试图在事业与个人情感之间寻求某种平衡。但是他也承认，自己过于激烈的演奏以及其他不稳定表现让听众难以忍受。其实他们不了解那是独奏者内心压抑的强烈迸发。

勃拉姆斯很快回到了杜塞尔多夫，巡演遭到非议让他受到打击，变得消沉起来，作曲工作也停止了。那段时间克拉拉忙着在各地演出，马不停蹄。勃拉姆斯则处在进退两难的境地，他的犹豫不决使得生活变得肤浅而慌乱，他偶尔开演奏会，还去汉诺威重访李斯特，过了一段东游西荡的日子。尽管他觉得自己对克拉拉的感情应该不会有结果，但他还是不能自已地写道：“我后悔在写给你的信里没有提到‘爱’这个词，你曾教过我而且现在依然教我如

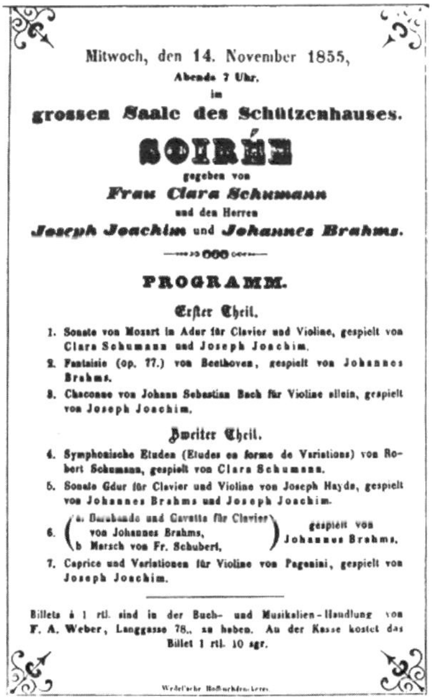

Mitwoch, den 14. November 1855,

Abends 7 Uhr,

im

grossen Saale des Schützenhauses.

SOIRÉE

gegeben von

Frau Clara Schumann

und den Herren

Joseph Joachim und Johannes Brahms.

PROGRAMM.

Erster Theil.

1. Sonate von Mozart in Adur für Clavier und Violine, gespielt von Clara Schumann und Joseph Joachim.
2. Fantaisie (op. 77.) von Beethoven, gespielt von Johannes Brahms.
3. Chaconne von Johann Sebastian Bach für Violine allein, gespielt von Joseph Joachim.

Zweiter Theil.

4. Symphonische Etuden (Etudes en forme de Variations) von Robert Schumann, gespielt von Clara Schumann.
5. Sonate Gdur für Clavier und Violine von Joseph Haydn, gespielt von Johannes Brahms und Joseph Joachim.
6. (a. Sarabande und Gavotte für Clavier von Johannes Brahms, b Marsch von Fr. Schubert,) gespielt von Johannes Brahms.
7. Caprice und Variationen für Violine von Paganini, gespielt von Joseph Joachim.

Billets à 1 rtl. sind in der Buch- und Musikalien-Handlung von F. A. Weber, Langgasse 78., zu haben. An der Kasse kostet das Billet 1 rtl. 10 sgr.

克拉拉、约阿希姆与勃拉姆斯的演出海报

何认知什么是爱、依恋以及自我克制……但愿我总能写给你发自我内心的话，告诉你我是多么爱你，也只能求你相信，无需更多的证明。”克拉拉见到勃拉姆斯信中的“克制”二字，流下了眼泪，她理解他的痛苦，而她也有不舍和无奈，但她以无言的行动苦心孤诣地教给他的重要一课，必须让年轻人自己去领悟它的真谛。

选择撤退，归于平静

时间走到了 1856 年的春天，克拉拉结束了在布拉格、布达佩斯、莱比锡、魏玛和汉诺威的巡演回到家里，舒曼还是没有消息，她马上联系去英国的演出，那是她最后一个目标，或许只有不停的忙碌，才能忘记伤痛。

经医生的允许，勃拉姆斯又一次探望了舒曼。这次情形十分不乐观，舒曼面对朋友，想说话却只能发出孱弱的声音。在写给克拉拉的信里，勃拉姆斯用了小心的措词描述舒曼的病情，然而还是严重地打击了克拉拉，她感到最后的时刻快要到了，泪水顺着她麻木的脸颊无声地淌下。但她并没有取消演出计划，她在信里倔强地坚持着："除了德国我什么都记不起来，在这里的只是没有生命的躯壳。"勃拉姆斯十分担心，写信劝她："取消每一件事！明年他们还是会热情地欢迎你的……"但克拉拉仿佛已经失去了做决定的能力。勃拉姆斯的心充满了焦虑，他不知道克拉拉在英国怎么样了，他的理性再次向情感投降，甚至想赶到英国去，却被克拉拉坚决制止。

远在汉堡的母亲似乎也感觉到儿子的糟糕状态，在祝福勃拉姆斯23岁生日的信中，克里斯蒂娜写道："今夜我们为你们的健康干杯，特别是可怜的舒曼先生，如果我们能为他的福祉做点什么就好了。亲爱的约翰内斯，我求你不要太挂念这件事了，你帮不了他，却只会造成对你的伤害……"

勃拉姆斯没有听从家人的劝慰，他搬到波恩以便就近照顾舒曼。或许因为波恩离伦敦比杜塞尔多夫要远一些，他比以往更加牵挂克拉拉，深深地想念着她。在5月31日写给她的信里他倾诉道："但愿我可以整天呼唤你，赞美你。如果事情能够保持原状，那么我将不得不把你放在玻

1856 年的勃拉姆斯，眼神里充满忧郁

纪念舒曼的邮票

璃下或者镀上黄金，细细地看着你……”幸好他见到了迪特里希，暂时放下了对克拉拉的浓浓思念。朋友介绍他和一位著名的男中音尤里乌斯·史托克豪森相识，这次会面对勃拉姆斯而言是很重要的，他们谈了很多音乐演绎方面的问题，两人很快成为至交。后来，史托克豪森以其精湛的艺术理解力与表现力成为了勃拉姆斯艺术歌曲的最佳诠释者。

快到舒曼生日了，勃拉姆斯依他之前的嘱托带了一幅很大的地图去看望他。而当他拿出地图时，舒曼好像忘记了一切，他接过地图开始在上面写名字，直到写满。勃拉姆斯怀着无比沉重的心情向克拉拉描述舒曼的状况，但他用的词汇依旧是温和的。克拉拉看得出文字背后的意思，她彻底绝望，在当天的演出中，她感到自己的心在流血。

7 月 4 日，克拉拉终于结束了自己在英国的 26 场演出，和勃拉姆斯在安特卫普会面后，一起到达比利时的奥斯坦德。在那里，勃拉姆斯第一次看到了大海。那汹涌的波涛，涨落的潮水，不正是他胸中澎湃的情感吗？而海上那起伏不定的小船，正如人的变化无常的命运一样，他想到了舒曼，心中感慨万千。7 月 6 日，他们回到杜塞尔多夫，克拉拉将孩子们安顿好之后，勃拉姆斯陪她来到恩德尼希。

在舒曼最后的时刻，克拉拉终于被获准探访自己的丈夫，她已经两年半没有见到他了！重逢时刻，克拉拉比任何人都冷静，她蹲坐在舒曼面前，仔细地看着他瘦削的脸颊，她不敢相信，疾病已经把丈夫折磨成这个样子……舒曼缓缓地睁开眼睛，过了好一会儿才认出身边的妻子，眼神有了光亮，他微笑着，笑得让克拉拉心痛。突然，他做出要起身的样子，但因不能控制四肢而非常吃力，克拉拉正要帮他的时候，他张开双臂将妻子环绕起来。克拉拉泪如泉涌，这个拥抱对她来说太珍贵了！这时候，所有的过往，混合甜蜜、忧伤与苦痛的记忆，都一齐涌上她的心头……在她离开之前，在她小心地放下舒曼羸弱的双手的时刻，他吻了她，那是一个本能的、无助的而又充满信任的吻，“我永远都不会忘记那个时刻，世上所有的财富都抵不上那个吻。”克拉拉在日记中写道。

7 月 29 日，舒曼的痛苦终于得到解脱，他静静地远去了。葬礼在两天后举行，一些至亲好友在场告别，勃拉姆斯、约阿希姆和迪特里希护送着灵柩，为伟大的灵魂送行。克拉拉站在人群后边，面无表情，罗伯特走了，她所有的快乐随之结束。

克拉拉决定到瑞士休息一阵，舒曼的病魔早就耗尽了她的精力，勃拉姆斯也一同前往，他不放心她。舒曼的两个孩子以及勃拉姆斯的姐姐伊丽莎也跟着去了。对于克拉拉与勃拉姆斯而言，这趟以放松身心为目的的旅行是最后一场考验。然而，他们各自想了很多事情，却没有提及任何有关“感情”的字眼。

克拉拉依然是心如止水、波澜不惊的样子，然而她的内心并不平静。在过去的日子里，她将毕生所有的爱与关怀，以及对艺术的热情全都奉献给了舒曼。他曾是她全部生命的核心，现在他走了，她将如何度过余生，她独自生活下去的力量又在哪里？或许，让自己坚持下去的理由就是“责任”，养育七个孩子的责任，传播舒曼作品的责任。可是，她的心里何尝没有暗涌呢？舒曼罹病期间，没有勃拉姆斯的相伴与扶持，她不会走到现在，他是她漫长而痛苦考验中的英雄，而且她比谁都清楚身旁年轻人的情感，她知道只需要她点头。可是，她对舒曼的爱已深植在她的天性里，舒曼的位置无人可替代！接下来的人生注定孤苦，但她愿意用剩下的时光追悼她与丈夫忠贞不渝的爱情。

勃拉姆斯十分矛盾。其实就在他护送舒曼灵柩的那个清晨，有那么一刻，某种狂喜突然涌上心头——他所热爱和崇敬的女神自由了！可是在旅行中，面对克拉拉冷静节制的态度，他心里的激情狂想曲戛然而止。他了解克拉拉与舒曼的爱情，他惊异于她的自持、克制与忍耐。他似乎明白了什么是真正伟大的爱情。在伤心欲碎的时候，他渐渐找到了平静，学着以钢铁般的意志控制自己的行动，像克拉拉一样。在这样一场理智与情感的战争中，勃拉姆斯曾经一度被激情掌控，最终却以一种超然的姿态获得了胜利，并额外地赢取了一份厚礼，它将赐予他一生音乐与人生的主题，那便是“控制你的激情”“在欢乐中保持平静，在痛苦中保持平静”。

爱神欢迎克拉拉和勃拉姆斯，但他们不约而同地从情感考验中撤退出来，同时坚信他们将会成为彼此生命中最亲密的朋友，事实上，两人都做到了。在之后的四十年里，两人一直保持通信，也常常见面，直到克拉拉去世。勃拉姆斯对于自己的工作与生活情况，哪怕演出失败与情感波折，一切从不隐瞒克拉拉。克拉拉总是以其客观而平静的语言给予他最深切的慰藉。不但如此，她对勃拉姆斯的创作有很大的影响。每当勃拉姆斯写成一首新曲，他都会恭恭敬敬地征求克拉拉的意见，听从她的指导，仿佛在她那里，他已丧失信心一样。而且，勃拉姆斯许多重要作品都是在克拉拉后来常去度假的利希滕塔尔进行创作并完成的。

对于克拉拉，勃拉姆斯已经成为她的一个重要的精神支柱，这位如亲人一样的挚友，一直忠诚地支持着她与舒曼的事业与家庭。而她作为一位钢琴家，不仅是勃拉姆斯的知音，也是勃拉姆斯作品的最佳诠释者之一。

勃拉姆斯与克拉拉，这两位伟大的音乐家，在之后的岁月里都各自经历了跌宕的人生，但他们之间已经形成了一种默契，即便偶有争执，彼此的尊重与宽容，也都让那些纷扰很快地隐去了，共命运感让他们相濡以沫地走过了一生。

第4章：上下求索

代特莫尔德的音乐指导

利珀－代特莫尔德侯国位于汉诺威附近，是19世纪中叶德意志土地上苟延残喘的前神圣罗马帝国的邦国之一，它仍然保留着18世纪的风格，崇尚繁文缛节，与时代脱节。1857年初，勃拉姆斯漫无目的地度过了几个月，迟迟无法决定哪一个城市是他可以安心工作的地方。汉堡对他有吸引力，但他的同胞们不太重视他；汉诺威有约阿希姆在，然而朋友常常外出巡演；克拉拉已接受了柏林的一个职位，杜塞尔多夫也没有什么意思。正当勃拉姆斯举棋不定时，一封邀请他去代特莫尔德担任音乐指导一职的信函从天而降。其实，勃拉姆斯在两年前就造访过那里，他的一个钢琴学生和代特莫尔德的王室有联系，当时他受到了执政亲王的热情招待，他也很喜欢那里宁静而优美的环境。这次被邀，他欣然前往。

勃拉姆斯的任务并不繁重，他只需要在每年的最后三个月驻留在宫中，给亲王的妹妹费勒德里克公主上课，在亲王私人的室内音乐会上演奏，指导包括亲王在内的合唱音乐会，担任宫廷管弦乐团的独奏者。他不仅能得到丰厚的薪酬，还可以通过教授宫廷淑女们音乐而获得额外的津贴。更让勃拉姆斯满意的是，他有余暇进行创作，还可以在附近广袤的托伊托堡森林中自由地漫步。

勃拉姆斯喜欢散步林间，尤其在清晨，这一习惯形成于少年时期，并延续了他的一生。在静谧的环境中，他的乐思常常如泉涌一般。他曾说:“我脑海里最美妙的音乐，都来自黎明前散步的路上。”在代特莫尔德侯国任期里，他每天都到森林里散步。他对森林的热爱如异教徒一般狂热，认为森林使他获得神秘力量。后来，有一位朋友请教他如何才能快速地提高琴艺，他很认真地回答她：“你必须持续地在森林中漫步。”

大自然的抚慰让勃拉姆斯恢复了自我，之前的心病悄然愈合。在寄给克拉拉的信中，他这样写道：“激情对人类而言，并非天生，而是个例外，如赘瘤一样……一个人的心中若有过度燃烧的热情，那么他应视自己为病人，为了健康，激情须尽快消退，不然就该被切除。”这是一个正在走向内敛和自制的勃拉姆斯，他将自己对克拉拉的爱意深埋心底，以泰然自若、淡定平和的面貌，全身心地投入到他的音乐创作中。

这期间，他写下一首九重奏小夜曲，表达他对海顿、莫扎特的“娱乐音乐”的推崇之意，宫廷的乐迷们常常要求演奏这首曲子，后来他将曲谱扩展为管弦乐，即《D大调第一小夜曲》，该曲以18世纪严谨的古典主义完整地表现了漫步托伊托堡森林的情景，蕴藏其中的平静与淡定将会在音乐家未来许多作品里出现。勃拉姆斯还创作了一首钢琴协奏曲，不过这部作品的雏形可以追溯至1854年。那时，他想写一首交响曲，却对自己能否驾驭那么宏大的体裁深感怀疑，而且当他着手采用贝多芬的创作形式时，勃拉姆斯第一次察觉到那将要笼罩自己一生的阴影——被拿来与贝多芬比较的恐惧。对他来说，贝多芬的交响乐是至高无上的成就，他不想用自己稚嫩的音符亵渎心中的大师作品。于是，勃拉姆斯把原本大型交响乐的构思缩写成双钢琴奏鸣曲的版本。而现在，他又将它改写成了协奏曲。不过，勃拉姆斯仍然缺乏信心，他渴望得到赞扬，又怕遭到打击，这部带有管弦乐特点的作品像他的孩子一样，他太爱它以至于失去了判断力。但勃拉姆斯坚持认为，自己的这部作品需要一个整形手术，而医生只有约阿希姆才能胜任。他多次邀请挚友给予批评和建议，反反复复修改了很多次。

勃拉姆斯在代特莫尔德的第一个任期于 1858 年 1 月结束了，他获得了长长的假期。实际上，他已经迫不及待地想离开那里了。亲王的音乐表现力很一般，勃拉姆斯感到压力沉重，对于为亲王唱歌伴奏这件事他越来越反感。不仅如此，除了宫廷管弦乐团的指挥让他觉得聊得来以外，他似乎找不到与自己心灵契合的人。更糟的是，他觉得自己与宫廷环境格格不入。勃拉姆斯的家乡汉堡是德意志联邦中的自由市，不讲究爵位礼仪。他的言行举止以及穿着打扮让保守的公国贵族很不待见。他自己也受不了持续不断的鞠躬哈腰与巴结奉承。精神上的压迫让他苦恼不堪。不过，现在他恢复自由了，他如释重负地回到了汉堡。

第一位情人

勃拉姆斯任职代特莫尔德的第一个假期里，约阿希姆邀请他、格雷姆与克拉拉到哥廷根小住。五年前，勃拉姆斯在那里度过了一个天堂般的夏天，现在他已经等不及了。勃拉姆斯即刻启程，在旅途上不禁回忆起在哥廷根的点点滴滴，他对这一次度假充满了期待，但并不知道自己将在那里遇到他的第一位情人。

阿嘉特是一位大学教授的女儿。勃拉姆斯第一眼见她，就被她给吸引住了。阿嘉特和他年龄相仿，身材娇小，眼睛又大又亮，水汪汪的，闪烁着聪慧，秀发乌黑而柔软，在夏日阳光的照耀下越发迷人。她是一名女高音，嗓音十分甜美，被勃拉姆斯称为“阿玛蒂之声”。

勃拉姆斯喜欢和阿嘉特聊天，音乐是他们的共同语言，两人有聊不完的话题。他们时常在聚会现场消失，到花园阿玛蒂是"小提琴制作者圣地"意大利克雷莫纳的三大家族之一，其创始者是安得列亚·阿玛蒂，制作的小提琴以家族姓氏命名。

里营造二人世界，或到郊外散步，在枝叶婆娑之间对唱小夜曲。悦耳动听的"阿玛蒂之声"萦绕在勃拉姆斯心头，久久挥之不去，他彻底沦陷了。

尽管勃拉姆斯有意掩饰，但还是让克拉拉发现了蛛丝马迹。一次她偶然瞥见勃拉姆斯与阿嘉特的亲热场面，心里有如打翻了五味瓶，说不出来的复杂情绪里，有嫉妒，有怅然，也有欣喜。她想祝福这对沉浸在幸福中的年轻人，却发觉开口是多么困难的一件事！她默默离开了哥廷根。勃拉姆斯对此无计可施，就继续留在那里，与阿嘉特的感情也越来越深了。

秋天很快来临，勃拉姆斯不得不告别情人，很不情愿地前往代特莫尔德侯国开始第二个任期。对勃拉姆斯来说，沉闷的宫廷生活似乎更加难以忍受，他对阿嘉特的爱仿佛已经到了神魂颠倒的地步，他很清楚地知道自己身处狂喜之中，同时又在浓烈的思念里感到阵阵忧伤。"如果事情再这样继续下去的话，恐怕我会蒸发成一个飘浮在大气中

美丽的阿嘉特

的音符……”他只有通过音乐来表达他内心的纷乱思绪。勃拉姆斯创作了由女声主唱的《圣母颂》以及其他更多的歌曲送给阿嘉特。他还在《葬礼赞美诗》中，第一次表现了对死亡的冥想。终于，在1859年1月，勃拉姆斯恢复了自由，他立即赶往哥廷根，与自己日思夜想的情人一起试唱他的新作。勃拉姆斯与阿嘉特的恋曲已经成为哥廷根的热门话题，大家都等待着年轻人宣布订婚的喜讯，但勃拉姆斯自己并没察觉这一点。其实，沉醉于爱情里的他已经和阿嘉特秘密交换了戒指。不久，他收到格雷姆的来信，朋友严肃地提醒他：“关于阿嘉特的事，你可不能再拖了……她的父母似乎都在等你的消息……找时间公开你对阿嘉特的情意，是更明智的事情。”这封信让勃拉姆斯感到颇有压力，但他又无暇立刻回复。原来，在约阿希姆的再三催促下，勃拉姆斯自1854年开始创作、几经修改的协奏曲终于定稿，作曲家为他的新作取名为《d小调第一钢琴协奏曲》，并预定于1月22日在汉诺威首演，他正要前往那里监督新作的最后一次排练。勃拉姆斯暂时把爱情的抉择放在了脑后，不置可否。

然而令勃拉姆斯没有料到的是，汉诺威首演不太成功，这首曲目只受到观众礼貌而不解的关注。五天后，在莱比协奏曲指由几件或一件独奏乐器，与一小型弦乐队互相竞奏的器乐套曲，一般由三个乐章组成：第一乐章为奏鸣曲式，第二乐章是抒情性慢板，第三乐章为回旋曲或奏鸣曲式。

曲式，即乐曲的结构形式。奏鸣曲式是西方古典音乐中最重要、最常用的曲式，常在奏鸣曲、重奏曲、交响曲、协奏曲等大型管弦乐作品中出现。奏鸣曲式的发展结构一般为呈示部—展开部—再现部。在三部分中，通过对作品第一主题与第二主题的呈示、对比、展开、融合，音乐得到发展和推进。

锡的演出更可谓是一场灾难。勃拉姆斯在信中向克拉拉描述了当时的场面："排演时就遭到完全沉默的对待，演出时最多有三个人拍手，还嘘声四起……"同时他表现了对结果的漠不关心："这一切对我来说一点儿也不重要，我享受了音乐带给我的欢乐，我从来就不考虑这部协奏曲是否成功。"音乐杂志陆续给出了评语，其中一篇看透了该作品中的创作根源，称它"是一首不可缺少钢琴助奏的交响曲”，“独奏部分让人不悦，而管弦乐部分是一连串猛飞的音符……”，另一篇则评论道：“外界没有反应。”这样的论断基本概括了当时习惯于门德尔松优雅音乐的观众的感受，他们迷惑，不知如何接受，只得以可怕的沉默表达心中的不满。

克拉拉在后来给一位友人的信中，却表达了不一样的看法：“某些演奏比约翰内斯本人的预期还要精彩许多！这是一部不可思议的作品——如此饱满，情感深沉，结构完整……”对于勃拉姆斯的淡然态度，克拉拉表示怀疑，她担心他由于作品不被公众接受而深感失望，但又不便表达安慰，她知道同情与怜悯只能让勃拉姆斯受到更大伤害。在回信中，她这样写道：“我花了好长时间才从惊异中恢复过来。如此糟糕的评判对你作为一位艺术家的价值丝毫没有影响，但我担心你对艺术的热情是否会被它浇灭……”她用激将法鼓励勃拉姆斯，“如果我是你，我将再也不为莱比锡演奏我的作品，除非他们叫嚷着求我！总有一天，你会征服莱比锡……”

但是，正如克拉拉所担忧的那样，勃拉姆斯确实陷入了低落。观众的反应让他愈发不敢相信大众的情绪，也让他更加坚定地认为自己无论如何都不能被感情牵绊，特别是他又想起几年前他对克拉拉的纠结爱恋。勃拉姆斯重又翻看抛在一边的爱情选择题，他写了一纸冲动的文字寄给阿嘉特：“我爱你，我必须要再次见到你！但我不能因此而戴上镣铐。请写信给我，告诉我是否回去，是否重新拥你入怀，是否亲吻你并且告诉你‘我爱你’……”

收到这封奇怪的信，阿嘉特茫然失措又深受伤害，她不能忍受自己被看成情人的障碍物。她回信说婚约取消，他不必再回来，两人的关系到此为止，连那枚戒指也一并退回。尽管如此，这份感情的藤蔓并未因此而很快凋零，它在阿嘉特的心里盘绕了许久才渐渐枯萎，十年后阿嘉特终于同一位医生结婚，她在婚礼前一天的晚上烧毁了勃拉姆斯写给她的所有信件以及赠送她的全部乐谱。多年以后，在阿嘉特一部具有自传色彩的小说里，她这样描写虚构的勃拉姆斯：“他就像所有的天才一样，是属于全人类的……她丰富的情与爱不可能满足他的生命。”

勃拉姆斯则认为这段爱情插曲与他协奏曲的失败有很大关联。他后来对友人谈道：“无论是被嘘，还是遭受冷遇，我都能承受作品的失败，因为我知道它们的价值。风水轮流转，我相信那一天的来临。当回到自己的房间，如果是一个人面对那些失败，那么我丝毫不感到沮丧。相反，如果此时我看到妻子询问的双眼，我将不得不把窘境和盘托出，并承受她的安慰……不能想象那将是怎样的人间地狱啊！”不过，这或许是一个不太高明的借口。

勃拉姆斯常常是犹豫不决的，这种犹豫不决其实源自他的自卑心理，无论是拖拉四年的作品创作，还是妄自菲薄的自我判断，抑或是面对女人同情的深深恐惧，都可以看出这一点。勃拉姆斯又是胆怯的，即便他还在等待地位的巩固，他为什么不将他的决心向自己挚爱的人表达出来，即便他处事谨慎，为什么不能勇于面对婚姻的责任？于是，在他心里的某个角落，他将结婚与否变为作品出演的赌注，他让不知情的观众为他做选择。实际上，对于结婚，他怀有抵触心理，这种抵触，一方面可以追溯到他的童年，父母之间的争吵让他对婚后生活抱以消极态度，另一方面他曾目睹舒曼夫妇婚姻里的物质束缚与家庭责任，这些都让他感到窒息，如枷锁一般。勃拉姆斯宁愿做一个流浪者，一个异乡人，因为他必须时刻呼吸自由的空气，而他的爱情如同中世纪传奇里骑士对淑女的崇拜，遥远而完美，理想而浪漫。其实，他心里还有对克拉拉的牵挂。如果同别的女人结婚，他一定会冷淡克拉拉的，谁都不能伤害他的女神，更何况是自己呢……

在这份无果情缘即将逝去的时刻，勃拉姆斯讶异于曾被狂喜所左右的自己，那是多么可怕啊！让勃拉姆斯感到欣慰的是，在最后的时刻，激情没有钳制住他。从此，爱情只是勃拉姆斯流浪生涯中偶尔驻足的栖息地，他不会在其中陷入太深，他已经学会了如何在热情中保持平静，并在适宜之时将热情驱散。值得一提的是，每当他快要爱上一个人的时候，他的乐稿上就会增加一个不朽的新篇章。

告别了哥廷根之恋，勃拉姆斯返回汉堡。3 月底，《d 小调第一钢琴协奏曲》的两场演出让他感到慰藉，汉堡人对他的音乐居然给出了好评，在失意的时刻，还是家乡给予了他最温暖的关怀。

不过，家里的情况并不乐观。尽管房子变大了，勃拉姆斯现在也有了属于自己的房间，但是父母一如既往地争吵，让他感到自己像住在厨房里一样，根本无法静心工作。幸运的是，他的学生为他带来了房屋出租的消息，他很快就搬了过去，那里有清新的空气，明媚的阳光，有百花的芳香和夜莺的歌唱，特别的是，还有树林的风景。

心情舒畅的勃拉姆斯在这里教学、作曲，并在偶然的机会成立了一个女子唱诗班。最初，这个唱诗班是由他的学生贝蒂和玛丽·福尔克尔姐妹，以及她们的朋友劳拉·

加尔贝和玛丽·罗伊特组成的四重唱，不过后来又吸引了更多的女孩加入其中。勃拉姆斯十分享受与她们为伴的日子，这些女子也非常崇拜这位才华横溢的音乐家。勃拉姆斯为唱诗班谱写了很多音乐，包括《玛丽之歌》《诗篇第13篇》等。在夏夜的星空下，附近的花园里常常响起淑女们轻柔而欢愉的歌声，勃拉姆斯则站在枝丫之间，忘情地指挥着。

在与唱诗班女孩子的相处中，勃拉姆斯矜持的心里时常会流露出他天性中的幽默感，单身的寂寞也渐渐消散。他最喜欢的一个女孩是来自维也纳的贝尔塔·波鲁布斯基，她比北德女孩更活泼浪漫一些，让勃拉姆斯不至于摆出刻板的样子，而她那悦耳的声音时而清唱奥地利民歌，时而讲述家乡的趣事，使得勃拉姆斯对维也纳十分向往。不过，面对唱诗班的女子，勃拉姆斯依然是怀着理想化的崇拜之情回应她们，他不曾许下任何承诺，总是避免做出任何严肃的决定。后来，贝尔塔回到维也纳，嫁给了一位企业家，成为法布尔夫人，在她生下一对双胞胎后，勃拉姆斯得知消息，将一首奥地利民谣改编成了脍炙人口的《摇篮曲》，作为贺喜的礼物。

反其道而行之

从勃拉姆斯的角度来看，《d 小调第一钢琴协奏曲》的演出失败似乎是造成他与阿嘉特分道扬镳的罪魁祸首。那么，又是什么导致《d 小调第一钢琴协奏曲》不被观众接纳呢？这得从勃拉姆斯所处的时代与他的个人追求和审美趣味来说了。

勃拉姆斯生活在浪漫主义时代。那是一个张扬个性的时代，作曲家希望能在作品中表达自己的所思所想。他们十分关注自我表现以及展示乐器技巧，而乐曲的整体结构、内在逻辑等往往被他们放在第二位——这些作曲家的钢琴协奏曲是从钢琴技巧的角度来写，而不是让钢琴服从于协奏曲的整体布局。另一方面，这些强调个性独特表达的作曲家们并不愿与公众产生鸿沟，因而他们会通过流畅悦耳的旋律、清晰透明的织体等让听众理解自己想要表现的东西。

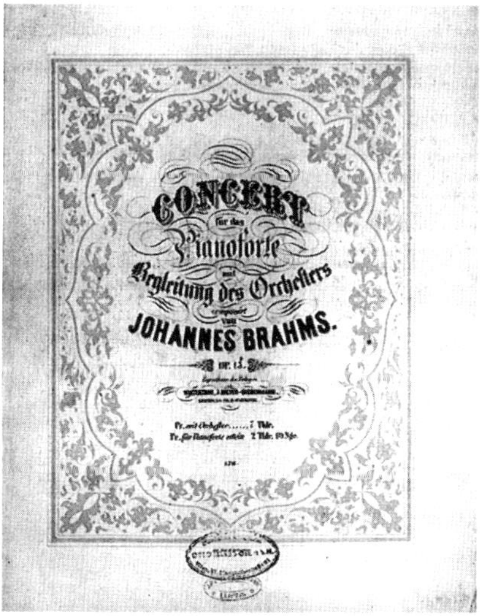

《d 小调第一钢琴协奏曲》于 1861 年出版时的扉页，由于首演失败，该次出版仅包括部分章节，到 1875 年才出版了完整版本

织体是音乐的结构形式之一，涉及音乐在时间与空间上的形式，包括只有一条单旋律的单声织体、两条及以上不同旋律叠加在一起的对比式复调织体、同一条旋律在不同声部出现的模仿式复调织体、一条主旋律加上和声陪衬的和声织体等。

与他们相比，勃拉姆斯看起来就有点“非主流”了。自师从马克森研读作曲开始，勃拉姆斯就为古典主义音乐所着迷，贝多芬交响化、结构化的音乐创作方式深深地影响了他。然而，他也摆脱不了时代的烙印，勃拉姆斯并不缺少浪漫主义情怀。在钢琴协奏曲的创作中，他已经明显感到交响乐结构逻辑与浪漫主义过分突出个性之间的矛盾。面对这个悖论，他的策略是在保有浪漫主义情怀的基础上，尽量让钢琴与管弦乐团以及协奏曲的整体结构逻辑有机地交融在一起。以第一乐章为例，开篇管弦乐营造的气氛威严而悲怆，犹如巨人在愤懑压抑的情绪中昂然挺立，当管弦乐渐渐平息时，独奏的钢琴以不可小觑的力量渐渐切入，层层推进，基调时暗时明，气势愈发宏大，不久管弦乐加入进来。之后独奏钢琴与管弦乐彼此应和，相互支持，承接恰到好处。激扬的主旋律也在回环往复中更加孔武有力，给人以希望。另外，这部协奏曲很少出现当时流行的钢琴与管弦乐的竞奏场面，即便出现也是一笔带过，不过分渲染。并且，为了达到钢琴与管弦乐的平衡，勃拉姆斯在处理钢琴的华彩部分时也十分谨慎，华彩乐段短小且不强调炫技性，并能与管弦乐相互融合。

在情感表达方面，此时的勃拉姆斯已经渐渐趋向含蓄内敛的性格，他想表达自己的浪漫主义情怀，却又不愿直白说出，于是采用了迂回而艰涩的音乐语言，这让听众感到厌倦，让演奏者们感到困惑。比如第二乐章中，管弦乐与钢琴分别奏出的主题旋律都采用了复调织体，多条旋律同时进行，让人难以分辨主要的旋律线条，因为主旋律隐藏在丰富的多声部中。随着音乐的行进，再现的旋律变得越发含而不露，尤其是钢琴独奏，使用了大量和弦，旋律被隐藏在厚重的音响.之中。

总之，勃拉姆斯的做法不符合当时的审美潮流，其招致众人的批评也就不足为怪了。其实，从这一点上来看，勃拉姆斯是大胆的，是特立独行的。这部《d 小调第一钢琴协奏曲》尽管是勃拉姆斯的早期探索作品，但足以显出作曲家非凡的个人气质和创作理念。

1859 年秋天，告别了女子合唱班的动听歌声，勃拉姆斯又返回代特莫尔德，开始他的第三个任期。到第二年 1

月时，他拒绝再续新约。一方面，他实在不能忍受宫廷生活的压抑，而公国的吝啬也让他觉得屈辱。另一方面，他个人发展的诉求与他的职务龃龉不齐。当时他有意继承汉堡交响乐团指挥的职位，他问亲王能否让他指挥管弦乐作品来获得一些经验，亲王不愿触怒宫廷指挥，只允许勃拉姆斯指挥那些有管弦乐伴奏的合唱作品。总之，离开代特莫尔德侯国，勃拉姆斯一点儿都没有遗憾的感觉。

对新德意志乐派的宣言

舒曼于 1834 年创办的《新音乐》杂志，是宣扬新浪漫主义精神的阵地，上面还刊登过他推荐勃拉姆斯的文章。但舒曼在他的有生之年就与之渐行渐远了。该杂志在主编保罗·布伦德尔的领导下，已经成为新德意志乐派的代言人，将舒曼的创刊理念排除在外。1859 年该杂志创刊 25 周年，尽管克拉拉、约阿希姆以及勃拉姆斯等与已逝的创办者关系甚密，但其纪念庆典并没有邀请他们参加。舒曼一定没有料到，自己的妻子和挚友，与他亲手创办的杂志，变成了敌对者。克拉拉一直忠实捍卫丈夫的音乐理想，勃拉姆斯与约阿希姆都支持她。他们认为，巴赫、莫扎特与贝多芬等古典大师的作品集中体现了音乐艺术的最高成就，而19世纪浪漫主义音乐中最有影响力的人物是舒伯特、门德尔松、舒曼等，这些早期的浪漫主义音乐家继承了古典主义传统。为新德意志乐派把持的《新音乐》杂志则以树立李斯特、瓦格纳等人的音乐理想为目标，主张音乐与文学、诗歌结合，从而实现音乐的文学化。

这一年，新德意志乐派在新声明中宣称，德意志所有有名的作曲家都支持并同意李斯特的观点。这让勃拉姆斯不能接受。1860年1月，李斯特个人作品的演出让他难以忍耐，他认为李斯特的音乐会腐化年轻作曲家的心。勃拉姆斯坐不住了，他决定发表一篇宣言以示抗议，他说服了约阿希姆，两人一起力劝其他重要人物在抗议书上签名，很多顶尖艺术家都同意了。但出人意料的是，抗议书在柏林的《回声》杂志上登出时只有四个人的签名。抗议全文如下：

下列署名的人士，长期以来十分遗憾地关注着某一乐派的活动，该乐派以布伦德尔编辑的《新音乐》杂志为喉舌。

上述这份杂志坚持宣称，严肃音乐家们在本质上与该杂志所支持的潮流保持一致，并认为领导这一运动的大师们所创作的作品具有很高的艺术价值。该杂志还声称就总体而言，尤其是在德国北方，对所谓“未来音乐”的支持与反对之争已经尘埃落定，并以其胜利告终。

下列署名的人士认为他们有责任反驳这种歪曲事实的言论，并且明确表示，至少他们自己不认同布伦德尔的杂志所主张的观点。他们只会谴责或者批评所谓新德意志乐派的领导者和追随者们的作品背离了音乐最本质的精神，这些新德意志乐派的人有的在实践他们的观点，而另一些人则不断试图强行确立越来越多新奇的、荒谬的理论。

约翰内斯·勃拉姆斯

约瑟夫·约阿希姆

尤里乌斯·奥托·格雷姆

伯纳德·舒尔茨

这封抗议书有如捅了马蜂窝，一时间引起各派的争论。约阿希姆是四位签署者中知名度最高的，承受的压力自然是最大的。在新德意志乐派阵营的反击中，瓦格纳在《新音乐》杂志上写了一篇反对艺术圈里的犹太人的文章，试图打击有一半犹太血统的约阿希姆。然而，在这次事件中，勃拉姆斯受到的影响却是最深的。对于乐派纷争，勃拉姆斯不足为奇，因为他觉得那只是不同艺术见解的冲突罢了，但他也感到，在乐派分明的德国音乐圈里，他并没有足够的资本去争论什么，他脆弱的力量不足以捍卫他的音乐理想。在经历了那么多理智与情感的碰撞后，勃拉姆斯已渐渐远离了性情中的浪漫成分，变得相当克制。他认为当下的浪漫主义带有歇斯底里的特征，其过分沉溺于神经紧张的狂喜、超脱尘世的幸福或者充满悲剧色彩的死亡阴影之中，浪漫主义所表达的艺术要么是病态的，要么是狂野的。口舌之争无休无止，也终究不会有结果。沉默是金，勃拉姆斯决定用自己的实际行动来证明他对音乐内涵的理解。那一年，他才27岁。

这年春天，受迪特里希一家的邀请，勃拉姆斯在波恩度过了短暂的假期，并与当地的出版商弗里茨·西姆罗克结识，将他在代特莫尔德任职期间创作的《A大调第二小夜曲》和《降B大调第一弦乐六重奏》出版，两人还结下了亲密友谊。后来，西姆罗克成为勃拉姆斯作品的首席出版商，还是勃拉姆斯在财政方面最信赖的人——西姆罗克在他的全权委托下掌管他的资本交易。西姆罗克是勃拉姆斯少数几个用“你”直接称呼的朋友。

不久，勃拉姆斯返回汉堡，他为自己制定了包括教学、音乐会演出与作曲三方面的严苛计划，同时耐心等待汉堡交响乐团指挥职位的任命。之后的两年中，勃拉姆斯主要在汉姆的小居中韬光养晦。他的创作都显示出了崭新的技巧，并保持了作品的抒情特色，可以看出作曲家正努力调和他的热情与理智。勃拉姆斯写出了《亨德尔主题变奏与赋格》《g 小调第一钢琴四重奏》《A 大调第二钢琴四重奏》《G 大调第二弦乐六重奏》，以及一首《f 小调双钢琴奏鸣曲》。那首弦乐六重奏是送给阿嘉特的作品，作曲家让第一和第二小提琴重复发出阿嘉特的名字（A－G－A－T－H－E 六个音），表达了他对情人的眷恋与忏悔之意。而那首双钢琴奏鸣曲则被勤勉的勃拉姆斯改编成弦乐五重奏，以加强自我训练为目的，后又改编为钢琴五重奏。勃拉姆斯十分在意出版作品的艺术价值，他仅将少部分作品交给出版商，其他的待作修改。

除了全身心的创作，勃拉姆斯偶有其他活动。他应邀多次造访瑞士的温特图尔小镇，在那里常常以独奏家身份出现，演奏自己的作品，或者担任管风琴师，受到当地人的喜爱，他还结交了很多朋友，瑞士渐渐成为这位流浪者所喜爱的地方。他与迪特里希的友谊也更加深厚了。1861年春天，迪特里希到汉姆停留了几天，对勃拉姆斯的书房印象深刻，“我对它的规模感到惊讶，它像一座图书馆一样，里面有很多有意思的‘古董’……”勃拉姆斯的“图书馆”里有他喜爱的中世纪传奇，他少年搜罗的各种古书，还有很多旧谱，它们都是作曲家灵感的来源。勃拉姆斯给朋友展示他儿时最喜欢的玩具——锡制玩具兵，说“这些都是我珍贵的童年纪念品，我不可能和它们分开”，眼神里满是甜蜜的回忆。后来，迪特里希到奥尔登堡宫廷担任音乐总监，勃拉姆斯到那里举行个人音乐会，他的《亨德尔主题变奏与赋格》受到观众的热捧，迪特里希评价它是一首奇妙、优美且散发出大才真正气质的作品。勃拉姆斯还多次出席莱茵河沿岸的音乐节，作为自己的一项娱乐活动。1862年6月，他和迪特里希到杜塞尔多夫参加音乐节，并顺便看望了正在进行健康治疗的克拉拉。那个夏天，他与迪特里希、舒曼一家一起度假，轻松愉悦的日子让作曲家灵感不断，他谱写了声乐套曲《玛格洛纳浪漫曲集》中的几首曲子，还给迪特里希展示了他第一部交响曲的第一乐章。

第 5 章：雏鹰展翅翱翔

维也纳之旅

勃拉姆斯一直向往维也纳，那里是海顿、贝多芬、莫扎特、舒伯特等古典音乐大师生活的地方，是德意志、匈牙利、捷克斯洛伐克、意大利等不同民族艺术精华的荟萃之地，还是他邂逅过的美丽姑娘的家乡，有着动听的民谣。1862 年的科隆音乐节上，勃拉姆斯又认识了一位来自维也纳的歌手，她那充满活力的歌声点燃了他心中拜访“音乐家圣城”的愿望。

9 月，勃拉姆斯终于来到了维也纳。不出他所料，这是一个拥有历史的城市。走在其中，勃拉姆斯依然能感受到古典大师们的生活气息，在给格雷姆的信中他兴奋地写道："我在贝多芬喝过酒的地方喝着我的酒！"他还常听人谈论舒伯特是他们的好朋友。勃拉姆斯有时会有一种错觉，以为自己景仰的大师就在他身旁。他也渐渐发现，这座城市像她所养育的女儿的歌喉一样充满活力和暖意。

灯火辉煌的林荫大道旁，有咖啡馆，有游乐花园，还有吉卜赛民谣萦绕其间。人们常常迈着和缓的步伐，讨论哲学和音乐，偶尔停下叼个雪茄，或是到附近的酒吧或咖啡馆饮上两杯，眼里满是惬意。不过，让勃拉姆斯最着迷的还是音乐。宫廷歌剧院、维也纳音乐之友协会、歌唱会社等官方与半官方团体经常带来高水平的管弦乐或歌唱作品演出，优秀的室内乐团和独奏家数不胜数，他在音乐圈里的很多朋友就在其中。

勃拉姆斯决定在维也纳逗留一段时间。尽管这座音乐圣城对他一无所知，但是在法贝尔夫人等朋友的热情引荐下，他认识了很多精英才俊，比如作曲家彼得·科内利乌斯、钢琴家卡尔·陶西格与尤里乌斯·爱泼斯坦，还有专门研究贝多芬音乐的学者古斯塔夫·诺特伯姆等，勃拉姆斯不断发展新的友谊。在惺惺相惜的情意里，他的灵感常常迸发出来。陶西格是新德意志乐派的一员，却由衷地欣赏勃拉姆斯的才华，而勃拉姆斯也认为陶西格是了不起的钢琴家。他被陶西格精湛的琴艺所激发，以帕格尼尼主题为基础，创作了两部复杂的《帕格尼尼主题变奏曲》，连克拉拉都因为无法驾驭而埋怨它们是“巫婆变奏曲”。在轻松愉悦的气氛中，勃拉姆斯式的幽默也登场了。有趣的是，挑剔的诺特伯姆常常被他拿来开涮。有一次，勃拉姆斯假造了一份贝多芬的音乐手稿，他买通卖薯条的小贩，让他拿手稿包裹诺特伯姆的薯条。当诺特伯姆快要吃完薯条的时候，他才发现手里攥着的纸张是多么不寻常。他如获至宝似的向同伴们炫耀，得到的回应却是哈哈大笑，诺特伯姆这才知道它是赝品，整个人像泄了气的皮球一样。

让勃拉姆斯心情更为舒畅的是，维也纳喜欢他的作品。当地著名的“黑尔莫斯贝格尔四重奏团”多次演出他的 g 小调和 A 大调钢琴四重奏，该团体的首席还宣称勃拉姆斯是贝多芬的继承人，而受宠若惊的勃拉姆斯并没有想到这个头衔会在今后的日子里给自己带来许多烦恼。他自己演奏的《亨德尔主题变奏与赋格》也博得了听众的喝彩与掌声。勃拉姆斯在 1863 年 3 月间的两首管弦乐作品的演出还改变了维也纳当时最具影响力的乐评家爱德华·汉斯利克的看法。之前他听过勃拉姆斯的第三号钢琴奏鸣曲，对他的表现持保留态度，这次却写下积极的评语。后来，汉斯利克成为了勃拉姆斯坚定的支持者。

4 月 10 日，勃拉姆斯本次维也纳之行的最后一场音乐会华丽闭幕，但他逗留到 5 月才前往汉诺威探访老朋友约阿希姆和他的新婚妻子。这期间，勃拉姆斯得到了维也纳人对他的赞许和肯定，他欣然应邀担任当地歌唱会社冬季演出的总监。9 月，勃拉姆斯重返维也纳出任新职。

11 月 15 日，由勃拉姆斯指导的歌唱会社第一场演出上演，朋友科内利乌斯之后写信表达了他由衷的赞美："毫无疑问，你已经赢得了完美的桂冠，你每一首曲子都比前一首更美，我真是欣喜若狂呢！"不过，推崇勃拉姆斯艺术功力的维也纳人并不认同这一论断。勃拉姆斯身为总监，在选取音乐会曲目方面，首先考虑的是自己的喜好——巴赫、贝多芬以及舒曼的作品，但是维也纳听众不喜欢某些乐曲特别是巴赫作品所散发的阴郁气质。学院唱诗班成员甚至开玩笑说："当勃拉姆斯正高兴时，他会让我们唱《坟墓是我的欢乐》！"但勃拉姆斯不为所动。

音符飞扬的维也纳当然少不了美女的歌唱，而那是最让单身的勃拉姆斯抵挡不住的声音。他曾邂逅一位名叫奥托丽・豪尔的唱诗班成员，她擅长演唱他写的歌曲。勃拉姆斯鬼使神差地在圣诞节向她求婚，不过那也只是他对结婚愿望的一种暧昧的表达方式。其实在此之前，奥托丽已经接受了另一个男人的求婚。勃拉姆斯丝毫没感到沮丧，他很自然地将她转变成了朋友。几周后，勃拉姆斯又被伊丽莎白・冯・史托克豪森迷住了。勃拉姆斯教过她几次课，这位女子机智、开朗而亮丽，在音乐方面具有很高的素养，他坦承，不爱上她是不可能的。不过对这位天才来说，动情只是一种生活的插曲，谁都无法真正影响他生命中的主旋律。

1864 年 2 月，勃拉姆斯在科内利乌斯和陶西格的带领下，去拜会新德意志乐派的偶像瓦格纳。勃拉姆斯本能地厌恶瓦格纳身上的丝绒华服、傲慢的眼神和追逐奢华的个性，就像他无法接受李斯特宫殿般的华丽生活一样。尽管如此，两人还是共度了热诚相待的午后时光。勃拉姆斯为瓦格纳弹奏了《亨德尔主题变奏与赋格》，瓦格纳评论道："可以看得出，一个掌握旧式要领的人，会有一番怎样的成就。"对瓦格纳来说，这已经是溢美之词了。两位作曲家都未预见到他们今后在音乐上的分歧将会有多大。

4 月，学院音乐季的最后一场音乐会上演，内容完全是勃拉姆斯创作的合唱曲，得到了听众毫无保留的热烈掌

30 岁的勃拉姆斯

伊丽莎白

声。然而，总监职位的平淡无奇与行政工作的乏味让勃拉姆斯越发感到无趣，他拒绝了三年续职的正式聘请。对前路有些迷惘的他回到汉堡，但那里不止有父母无休止的争吵，还有北德战火的威胁。勃拉姆斯安顿好分居的父母，尽可能平息了家庭的纷争，之后便前往利希滕塔尔找寻内心的平静，克拉拉在那里有一处度假的别墅。位于利希滕塔尔附近的巴登－巴登常常有知名人士汇聚于此，勃拉姆斯在那里结识了小约翰·施特劳斯。两人一见如故，勃拉姆斯十分倾慕他的音乐，他曾说宁愿放弃自己的所有创作，而只愿写出像《蓝色的多瑙河》那样的华尔兹。之后的很多年里，每当勃拉姆斯到利希滕塔尔避暑，他总要去听听施特劳斯演奏的华尔兹音乐。勃拉姆斯也曾模仿施特劳斯，试图写出维也纳风格的圆舞曲，比如他为双钢琴所写的华尔兹圆舞曲集，但是出于一个北德人之手的音乐，与施特劳斯的相比，总是少了一点轻松活泼的气息。

小约翰·施特劳斯（1825—1899）出生在以舞蹈音乐为生的音乐世家，与父亲同名，奥地利作曲家、小提琴家、指挥家，以创作轻音乐而著名，被称为“圆舞曲之王”，其圆舞曲是每年维也纳新年音乐会的重要曲目，代表作有管弦乐作品《蓝色的多瑙河》《维也纳森林故事》《春之声》等，轻歌剧《蝙蝠》《吉普赛男爵》等。

《德意志安魂曲》

1865年2月2日，勃拉姆斯收到弟弟弗里茨发来的电报："若欲再见母亲，请速回。"他匆忙离开维也纳，赶回汉堡。遗憾的是，他还没到家，母亲就因心脏病突发而辞世了。

勃拉姆斯非常难过。在他的家人中，他对母亲的感情最深。望着她那苍老而仁慈的面容，勃拉姆斯久久不能抑制心中的伤痛，他缓缓握起母亲没有知觉的双手，想再感受一下母亲的温度。那是一双怎样的手啊！在勃拉姆斯小时候，它们编织的笼子会让唱歌的鸟儿教他咿咿呀呀地说话，它们端上的菜肴让家充满了其乐融融的味道，它们曾在日夜赶做针线活儿时不止一次地被针扎出血来，也曾在父亲咆哮的时候捂住他年幼的耳朵、抹去他脸上的泪水。等勃拉姆斯长大后，它们写出了一封又一封的家信，里面那满溢理解与宽慰、鼓励与期待的文字，总是能抚平他的躁动不安，给予他最坚定的信心，让他的奋斗有了更大的力量；它们还将简陋的公寓变得焕然一新，调制出他最想喝的蛋酒，迎接他的光荣返乡，却要在他无奈离开时轻轻拍拍他的肩膀，悄悄拭去她眼角的哀伤。现在，它们那布满老年斑的皮肤上写满了过往的一切，让勃拉姆斯不舍得放下。

他最牵挂的母亲安息了。想想自己不在汉堡的那些日子里，特别是她生命中的最后几年，她承受了多少悲伤啊！生性好动的雅各布日益嫌弃她的高龄，在外面拈花惹草。他的低音提琴练习常常发出哀凄的苦鸣声，吵得她头痛不已。两人的摩擦争执比以前更凶，终于分居。雅各布在外逍遥，不再向妻子和女儿提供生活费，还在她们苦苦哀求的时刻以诉讼相威胁。勃拉姆斯一再写信，希望父亲回心转意，哪怕回去和母亲共度圣诞节的一晚。但是雅各布坚决不肯和解。2 月 5 日，勃拉姆斯安葬了母亲。在几天后寄给克拉拉的信里，他写道："这一年将悲伤地走过，而我将更加思念我亲爱的母亲……唯一值得安慰的是，一段在今后只会让人悲伤的婚姻关系终于结束了。"

勃拉姆斯的悲伤渐渐化成了音乐。自舒曼去世后，他心中就孕育着一首安魂曲的雏形，于1857年动笔创作。到1861年，他已经写出了四个乐章。母亲的过世，让勃拉姆斯受到深深的触动，他再度提笔，继续创作这首曲子，增加了两个乐章。1866年4月，勃拉姆斯才基本完成了这部作品，为其取名为《德意志安魂曲》，但是他并没有急于公开，而是将其暂搁一旁，让自己有更多的时间客观地去审视它。

1867年12月1日，《德意志安魂曲》的前三个乐章在维也纳音乐之友协会的一场音乐会上试演，由约翰·赫贝克指挥，然而演出结果并不理想，原因一方面是排练不充分，另一方面是第三乐章的最后乐段中，定音鼓的声音过大以至于盖过了管弦乐团和唱诗班，这让维也纳的听众感到十分压抑，而且无法完全理解作品的内涵——毕竟还有部分乐章没有公开。乐评家汉斯利克则认为除了上述瑕疵外，此曲值得赞赏。勃拉姆斯并没有被试演结果扰乱心情，克拉拉曾写信表达她对钢琴乐谱的喜爱，迪特里希也为作品在次年不来梅的演出做了妥善的安排。圣诞节后，他到达不来梅，将修改后的安魂曲交给卡尔·马丁·莱因萨勒，由他领导当地乐团进行排练。

1868年4月10日，勃拉姆斯站在不来梅的舞台上亲自指挥他的《德意志安魂曲》，他指导过的女声四重唱出现在合唱团中，男中音部分由史托克豪森演唱，观众席里有迪特里希、约阿希姆夫妇、格雷姆夫妇，而最让作曲家感到骄傲的是，他的老父亲挽着克拉拉也在其中。《德意志安魂曲》以悲壮的失落、光辉的安慰与充满力量的坚定精神给观众留下了深刻印象。迪特里希谈他的感受："这是一场精彩而美妙的演出！《德意志安魂曲》已跻身于世界最高贵而壮美的音乐之林。"约阿希姆感到十分骄傲，多年前他为勃拉姆斯所做的预言已经兑现。雅各布望着指挥台上的儿子，眼里涌出了泪水，勃拉姆斯的成功实现了他的梦想，而音乐也让他忆起自己与亡妻的贫贱日子……克拉拉则在日记里告白："我亲爱的罗伯特，你对勃拉姆斯的预言如今真的实现了！他手中的指挥棒对在场的每一个人都施下魔咒，甚至包括他严厉刻薄的敌人们……罗伯特，如果你能活着看到这场演出，该有多好！"观众的热情使得勃拉姆斯在不来梅安排了第二场演出，由莱因萨勒指挥。

不久，勃拉姆斯携带乐谱返回汉堡，加上具有女高音部分的第五乐章，至此，《德意志安魂曲》历时 11 年，终于以作曲家心目中的完满形象出现在世人面前。1869 年 2 月 18 日，该曲于莱比锡完整上演，尽管当地对此反应冷淡，却引起音乐界的注意。

约翰·赫贝克

Gesellschaft der Musikfreunde.

Zweites

Gesellschafts-Konzert

Sonntag, den 1. Dezember 1867,

im k. k. grossen Redouten-Saale,

unter der Leitung

JOHANN HERBECK,

(SING-VEREIN),

des Fräulein Helene Magnus und der Herren: Direktor Hellmesberger, k. k. Konzertmeister, und Dr. Panzer, k. k. Hofkapellensänger.

PROGRAMM:

Brahms Johannes Drei Sätze aus: „Ein deutsches Requiem", für Solo, Chor und Orchester. (Manuscript, zum 1. Male.)

Schubert — — Aus der Musik zu dem Drama „Rosamunde", für Solo, Chor und Orchester.
1. Entreact — H-moll.
2. Balletmusik — G-dur (1. Konzert-Aufführung.)
3. Entreact — H-moll mit Geisterchor. (1. Konzert-Aufführung.)
4. Ouverture — C-dur. (2. Konzert-Aufführung.)
5. Romanze — F-moll.
6. Balletmusik — H-moll, G-dur. (1. Konzert-Aufführung.)
7. Entreact — B-dur.
8. Hirtenchor — B-dur.

《德意志安魂曲》维也纳试演节目单

不来梅

勃拉姆斯与莱因萨勒的合影

在西方追悼亡者与表达哀思的音乐中，安魂曲是最古老且最重要的一种，其本是罗马教会传统中为亡者举行弥撒的音乐部分，即“安魂弥撒”，共有十二段经文，历代作曲家一般遵照当地的典礼习俗或自己的喜好来强调或省略某些段落。到了 19 世纪，安魂曲也受到浪漫主义的影响，表现出更大的恢宏气势，乐器与合唱地位相当，经文具有歌剧式的境界。在众多安魂曲作品中，《德意志安魂曲》的地位十分独特，勃拉姆斯完全打破了传统安魂曲的框架，也没有使用拉丁语经文，并且所表达的内容独具一格，可谓“前无古人，后无来者”。这部安魂曲取材于马丁·路德版《圣经》的德文译本。勃拉姆斯自幼在北德人笃信《圣经》的环境里长大，是信义宗的教徒，他十分推崇《圣经》里歌颂人类各种天性的意象，认为这些意象并没有让他对死亡感到恐惧进而产生通过苦难得到救赎的希望，相反，它们让自己更加热爱生命。熟谙《圣经》的他，在其中精心挑选了有关人生痛苦、死亡、信仰、希望、幸福、复活和永生的段落，并编成唱词，一气浑成，不落痕迹，与音乐配合得天衣无缝。这部作品是勃拉姆斯信仰的最佳写照，虽然融有悲伤、哀悼的情绪，但是没有关于末日审判的恐怖，也没有受苦、赎罪与超拔的内容，而代之以一种对生与死的信念：死亡是劳苦大众获得和平与幸福的解脱，是另一个开始——与上帝同在，并永存生命。

《德意志安魂曲》从情感表现来看，大致分为哀悼与慰藉两个部分。前三个乐章关注生命的短暂，表现了人生的痛苦与期待。随后的三个乐章渲染温暖、宁静的情绪，逐渐点燃永生的希望，最后一个乐章融合了第一乐章的主旋律素材，强调了作品循环统一的结构。

第一乐章首先以中低音弦乐勾起人的悲痛情绪，然后合唱在静谧而带有淡淡哀伤的气氛中缓缓进入。唱词有三句："哀恸的人有福了，因为他们必得安慰"；"流泪撒种的，必欢呼收割"；"那带着种子、流着泪出去的，必定欢欢喜喜地带着禾捆回来"。最后，在竖琴轻柔的伴奏中，古色苍然的乐曲回到了宁静虔敬的基调中。

第二乐章采用小提琴及其他具有明亮音色的管乐器，加上定音鼓的三连音敲奏，铺垫了一种送葬哀恸的情绪，随着音乐的展开，庄重而有力的合唱开始了："凡有血气的，尽都如草，所有他的美荣，一如草上之花，草必凋残，花必谢落……"使人感到死亡的威胁，"弟兄们哪，你们要忍耐，直到主来"又给人一种安慰，接着再现了葬礼进行曲的主题。之后，不断上行的音阶和着经文"看哪！农夫耐心地等候地里宝贵的出产，直到它沐了春雨又秋雨……唯有主的道是永存的”，表达了人们盼望得到救赎的热情。“耶和华救赎的民必定归回，歌唱着回到锡安。永恒的欢乐定必归到他们的头上，他们必得到欢喜快乐。忧愁叹息尽都逃避。”乐章在欢呼的赞歌中结束。

第三乐章以男中音独唱开篇，“主啊，求你使我晓得我身之终，我的寿数几何，叫我知道我的生命何等短促”是饱经尘世忧患的世人向上帝的一声询问之语。接下来，男中音与合唱间的对话动人抒情，揭示了人生的脆弱、局限与虚幻：“你使我的年日窄如手掌，我一生的时日，在你的面前如同无有。世人奔忙，如同幻影。他们劳役，真是枉然。积蓄财宝，不知将来有谁收取！”配器冷酷的音色与不时插入的定音鼓声营造了人们面对死亡时的无奈，弦乐三连音仿佛在提醒世人生命何其短暂。“主啊，如今我更何待！我的指望在于你。”一句殷切、虔诚的“天问”得到了庄严的回答，“义人的灵魂在上帝的手上，再没有痛苦忧患能接近他们”给出永恒的信仰。结束段巧妙地将哀悼的情绪过渡到希望中来。

第四乐章是一曲纯净圣洁的合唱：“万军之耶和华啊，你的居所何等可爱！我的灵魂羡慕渴想你的院宇，我的心灵，我的肉体向永生的神呼吁。住在你殿中的有福了，他们更要赞美你。”唱词中描绘的祥和美好的天堂生活，与弦乐、木管乐器的温暖柔和的音色融合在一起，暗示出人们对永恒生命的深切向往。

勃拉姆斯在不来梅演出之后追加的第五乐章很自然地承接了前一乐章温和平静的气氛。弦乐器首先奏出缓缓的前奏，随后女高音独唱“你们现在也有忧愁”，旋律舒展却透出淡淡的哀伤，接着一个下行乐句过渡到欢快的情绪：“但我要现在见你们，你们的心就喜乐了。这喜乐再也没有人能夺去。”女高音的一句“你们看我：我也曾劳碌愁苦，而最终寻得安慰”，得到合唱“我会安慰你们，就如母亲安慰她的孩子”的呼应，以深情的音乐将主永生的应许表达了出来。

第六乐章是全曲中最具戏剧性的一段，它与第三乐章对应，同样采用男中音独唱与合唱对答的形式，并在坚定有力的赋格合唱中收尾。充满弹性的合唱人声与均匀稳健的大提琴低音勾勒出一幅人行进途中的画面，“世上没有常存的城，然而我们仍在寻找将要到来的城”，其内涵在较多半音变化营造的伤感情绪中变得严肃起来。男中音随后登场，带着激动的声音倾诉着，并得到合唱有力的回应，

“我如今把一件奥秘的事告诉你们：当主来到时我们不是都要睡觉，乃是都要改变，就在一瞬时，一眨眼之间，在末日的喇叭响起的时候”，音乐色彩从光怪陆离逐渐趋向明亮。“因为喇叭要吹响，死人要复活，成为不朽的，我们都要改变。那时经上写的就要应验：‘死亡被得胜吞灭。’”合唱在管弦乐团的全奏配合下，激动情绪层层推动，男中音独唱的加入将合唱所表达的从死中复活的信念进一步加强直到高潮。当合唱抑扬顿挫地发问：“死亡啊，你得胜的权势在哪里？死亡啊，你的毒刺在哪里？”管弦交错、轰鸣阵阵，音乐呈现了强有力的不可逆转之势，透露出战胜死亡的信念。最后，宏大的赋格段落唱出“我们的主，我们的神，你是配得荣耀、尊贵和权柄的”，“因为你创造了万物，并且万物因你的旨意而创造、而生息的”，洋溢着对上帝伟大创造力的由衷赞美之情。

第七乐章回到第一乐章的冥思氛围中，其采用三段式结构增强了作品的内在稳定感。唱词“从今而后，在主的泽被中死亡的人有福了”在女高音与男低音的音色对比中被反复强调。“圣灵说：‘是的，他们息了自己的劳苦，他们的业绩伴随他们。’”号音的吹奏带出的一丝哀愁，化为木管的抒情和弦乐的六连音，唱词的积极意味愈加浓厚。

超越尘世的尾声音乐和着饱含祝福的经文，安抚了生者的心。

在之后的几年里，《德意志安魂曲》在欧洲各地的演出将近30场，被人们认为是世间的杰作。而勃拉姆斯自己，在35岁这一年，终于向世人证明了他的能力，建立起自己身为作曲家的地位。“雏鹰”已经展翅飞翔。

跳动不安的日子

母亲逝世后不到半年，勃拉姆斯收到父亲的来信，原来雅各布要续弦，但却让勃拉姆斯不安，他的准继母是一位只有41岁的寡妇，而他的老父亲已经到了花甲之年。勃拉姆斯十分关切两人的年龄差距问题，毕竟它是造成父母亲婚姻不幸的重要原因，于是他立刻赶往汉堡。原来，那位名叫卡罗莉娜·施纳克的寡妇是一位仁慈而乐观的人，经营一家餐馆，寂寞的雅各布常常在那里吃饭因而与她熟识。尽管两人年龄悬殊，但勃拉姆斯看得出他们很恩爱，自己的忧虑是不必要的，他对这桩婚事表示赞同。过了不到一年，两人完婚，婚后生活果然十分愉快。

对于流浪者而言，家乡也不过是祖先最后停留的地方。而对于勃拉姆斯，送走了母亲，安顿好父亲，来自汉堡的牵挂少多了，他可以继续云游四方。然而，勃拉姆斯对家乡怀有爱恨交织的复杂情感，很多时候，他想回去，却又不愿面对它。

早在代特莫尔德侯国任职时，勃拉姆斯就希望能担任汉堡交响乐团的指挥，甚至可以说，他之后两年特别是在汉堡蛰居期间不断努力的焦点就是想争取到这个机会，而且他以为自己问题不大——他是汉堡本地人，无论在作曲方面还是钢琴演奏上都有成果，也获得了家乡观众的认可；他具有一定的管弦乐团工作经验，并有包括约阿希姆在内的德国音乐界名流的支持，竞争者的实力显然是不如他的。然而，汉堡方面拖到 1862 年 11 月才通知他，被选中的是他的男中音朋友尤里乌斯・史托克豪森。尽管勃拉姆斯承认史托克豪森是一位优秀而敬业的歌唱家，但他认为这位继任者缺乏指挥经验，甚至一些必要的理论知识。对于落选，他感到十分困惑和难过。在给克拉拉的信里，他失望地写道:“这件事令我十分伤心，甚至超乎你的想象……我是如此地热爱我的家乡，像爱我的母亲一样！对我而言，找到一个长久而适当的职位，是很不容易的。如果能在家乡找到适合我的工作，我会多么快乐！虽然维也纳有许多美好，但我总感觉自己是一个异乡人，没有安全感……你懂得，我们的同胞最喜欢抛弃我们，让我们自己在世界的荒漠上空飞来飞去……一旦有人想安定下来追寻生命的意义时，他会很自然地害怕那种孤寂感。”理解他的约阿希姆则向选委会去信：“如果你们当中的每一个人，都能对勃拉姆斯表示一点友谊和信心，而不是流露出对他的无知和不信任，或许能帮助勃拉姆斯改变他身上的倔强脾气……当他感到自己总被孤立时，当然会变得尖酸刻薄。”

汉堡的指挥职位已成泡影，维也纳的总监工作亦被他拒绝，没有固定收入的勃拉姆斯感到手头有点紧张，不得已于 1865 年秋天又开始了他所谓的“跳动不安”的日子。他在曼海姆举行个人演奏会，他的《d 小调第一钢琴协奏曲》终于得到“杰作”的称赞。他到瑞士的温特图尔小镇再次拜访他的朋友们，还到苏黎世开音乐会，受到瑞士人特别的喜爱。这期间，勃拉姆斯与外科医生兼音乐家特奥多尔·比尔罗特相识并成为好友，两人后来常常试奏勃拉姆斯新作的双钢琴版本。勃拉姆斯还认识了玛蒂尔德・韦森东克夫人，她是瓦格纳追求过的女子，她的优雅与涵养曾启发瓦格纳创作了著名的《特里斯坦与伊索尔德》，不过韦森东克夫人仍选择留在丈夫身边。在她家里，勃拉姆斯对瓦格纳两部从未公演的歌剧《莱茵的黄金》与《女武神》进行了潜心研究，印象深刻。勃拉姆斯还到代特莫尔德，受到公主的亲切接待，并获准在亲王的室内音乐会上演奏他的新作《降 E 大调圆号三重奏》。这是勃拉姆斯 1865 年夏天于利希滕塔尔度假时创作的，是勃拉姆斯室内乐中唯一使用圆号的乐曲。不过，勃拉姆斯自少年时代就喜欢圆号温暖而庄严的声音，他时常吹奏圆号来安慰母亲。他对圆号的偏爱在《D 大调第一小夜曲》《德意志安魂曲》，以及之后的《c 小调第一交响曲》《D 大调第二交响曲》《降 B 大调第二钢琴协奏曲》等作品中都充分地体现出来。这首三重奏柔和而浪漫，特别是慢板乐章中的忧郁音调，被认为是勃拉姆斯哀悼亡母的悲歌，寄托了浓浓的思念之情。而曲中的牧歌情调则来自他在森林中散步瞥见日出时获得的灵感。值得一提的是，他指明这首乐曲要用无键圆号演奏，那与他记忆中的父亲吹奏粗管短号的声音很像。

在赚得了名声与金钱后，勃拉姆斯才到位于卡尔斯鲁厄的朋友家里度假，直到1866年春天才离开。这段较为轻松的日子使得作曲家静下心来，基本完成了《德意志安魂曲》的创作。之后，他又回到瑞士避暑，期间谱写了一首庞大的《c小调弦乐四重奏》，不过在此之前，他已经毁掉了一堆弦乐四重奏的乐谱。当地音乐圈的朋友要拿他与贝多芬比较，他十分害怕，七年之后才将此作付梓出版。

6月中旬，普奥战争爆发，普鲁士军队在铁血宰相俾斯麦的指挥下，将战车开到了北德，侵占了汉诺威、黑塞和萨克森三个城邦，之后又攻进奥地利，占领了维也纳。勃拉姆斯全心维护俾斯麦的统一政策，他认为那些战役不过是德意志兄弟的城邦内战而已，他是一个爱国主义者，希望德国早日实现统一，甚至在旅行中随身携带俾斯麦的演讲稿。不过，战争让他寝食难安，也阻碍了他旅行的脚步。好在这场战争仅持续了七周，7月底，勃拉姆斯就直奔利希滕塔尔度假去了。在陪伴克拉拉的日子里，他将改编成四手联弹的第一组《匈牙利舞曲》与克拉拉一起弹给朋友们听，音乐洋溢的热情与才华赢得了大家的阵阵喝彩。

汉诺威宫廷成为历史，赋闲在家的约阿希姆于10月份加入了勃拉姆斯的巡演旅程，两人在瑞士大获成功。两个月后，战事平息，约阿希姆返回汉诺威，勃拉姆斯则前往维也纳。幸运的是，勃拉姆斯的政治态度并未招致当地人的憎恨，他还与法布尔夫妇一家共度了圣诞节。他在维也纳一直待到次年春天，期间举办了多场精彩的音乐会。不久，他与约阿希姆再度会合，巡演路线从环绕奥地利开始，直达奥匈帝国的首都布达佩斯。这座被誉为“多瑙河明珠”的城市，由多瑙河一分为二，河西岸为布达，河东岸称佩斯，是世界上少有的历史悠久且风景秀丽的双子城，具有浓郁的古老气息。十年前，克拉拉曾到此举行钢琴独奏会，勃拉姆斯对此十分羡慕，因为他想亲耳听到吉卜赛人的演奏。现在，勃拉姆斯终于实现了这一愿望！货真价实的吉卜赛音乐给了他更多的灵感，这在他之后的第二组《匈牙利舞曲》中表现出来。两人的巡演取得了意料之中的成功，勃拉姆斯的手上也多了不少闲钱，他决定重返维也纳，邀请父亲到那里度假，并着手安排《德意志安魂曲》的试演。

1867 年，史托克豪森辞去了汉堡交响乐团的指挥职位，但勃拉姆斯再度未获垂青，不过这并未影响两人的友情。1868 年 3 月，他们以勃拉姆斯的艺术歌曲作为主题，展开巡演。两人相继走访了柏林、德累斯顿、基尔等地，勃拉姆斯所作的艺术歌曲得到了观众由衷的掌声。巡演的最后一站是丹麦的哥本哈根。俾斯麦曾在四年前的普丹战争中，试图夺回名义上属于丹麦的两个公国的控制权，并最终通过普奥战争得以如愿，但是音乐是无国界的，他们的两场音乐会还是受到了丹麦人的认可与欢迎。丹麦音乐家尼尔斯·盖德曾经对勃拉姆斯领衔的宣言签名事件表示支持，这次他为两位德国音乐家安排了一场招待会，并介绍了丹麦音乐圈中的风骚人物。那天晚上，一切进行得十分顺利，这时有人问勃拉姆斯对坐落于哥本哈根著名的托瓦尔德森博物馆有何观感，勃拉姆斯回答得相当不明智："它绝对不同凡响，但是很遗憾它没有坐落在柏林。"这句漫不经心的答语激怒了在场的每一个人，并被广为引用，甚至引起了恐慌。原来，俾斯麦的拥护者不但不满足于侵占丹麦的土地，还想带走哥本哈根的艺术宝藏！结果，一夜之间，受宠的勃拉姆斯被当地人完全排斥了，他仓皇逃回了基尔。幸而约阿希姆及时到达，史托克豪森与他继续完成演出。

不过两周后，《德意志安魂曲》在不来梅上演，勃拉姆斯亲自指挥，大众已经忘记了那场丹麦风波。随着勃拉姆斯作曲家地位的建立，他的那些粗鲁莽撞的言行，虽然被他的反对者们和不知情的世人屡屡拿来攻击他，但在了解他的朋友圈里，它们已成为了笑谈。

勃拉姆斯与史托克豪森

艺术歌曲

1868 年的夏天，勃拉姆斯因《德意志安魂曲》的成功而心情愉快，他到达波恩，住在迪特里希家里，并指导合唱剧《里纳尔多》的排练，这部作品早在四年前就已经写成，不过他又新近修改了终曲。一天早晨，勃拉姆斯站在书架前，一本诗集引起了他的注意，那是荷尔德林所写，他小心地拿起它，轻轻地翻阅，熟悉的诗句把他带回到酒吧钢琴师的挣扎而黯淡的岁月中……他又翻了几页，一首《命运之歌》展现在他的面前——

你们在太空的光明里遨游，
踏着柔软的云层，幸福的群神！
灿烂的神风轻轻地
吹拂着你们，

像女琴手的纤指触动
神圣的琴弦。

没有命运的拨弄，天神们呼吸
像酣睡的婴儿，
纯朴的花蕾里
蕴藏着天真，
他们的精神
却永远开花，
幸福的目光
望着宁静的
永恒的明朗。

可是我们命定了
没有地方得到安息，
苦难的人们
消失着，陨落着
盲目地从一个时辰，
到另一个时辰，
像是水从巉岩

流向下边的巉岩

长年地沦入无底。

诗里，天国灵魂的永恒幸福与尘世生命的朝夕不定的对比，让勃拉姆斯回味良久。那天稍晚，勃拉姆斯和迪特里希一家到海边闲逛游玩。大家看遍了所有的景观，脚步在不知不觉中变慢，于是停下来休息。这时，迪特里希才发觉勃拉姆斯不在周围——他在远处独自坐着，正写着《命运之歌》的部分初稿。

那年秋天，勃拉姆斯完成了汉堡、不来梅、奥尔登堡等地的巡演，突然想念维也纳了，于是在 12 月返回。他发现自己更喜欢这个城市了，甚至产生了将生活重心由汉堡转向维也纳的想法。当勃拉姆斯再度漫步游乐区时，那些圣洁而忧郁的合唱作品渐渐远去，带有维也纳风情的音乐灵感悄然而至，他将爱情的诗篇与华尔兹轻快的节拍巧妙地结合起来，写出了他最活泼的作品——18 首为钢琴三重奏和混声四重奏所作的《情歌》。

《里纳尔多》于 1869 年 3 月首度公开演出但反应一般。不过，这部作品被看作勃拉姆斯创作歌剧的蓝本，因为它的主题具有瓦格纳骑士般的魅力和诱惑。但勃拉姆斯本人并不这么认为，他更倾向于其中具有重要意象的音乐表达手法。

夏天，勃拉姆斯又一次来到利希滕塔尔度假，但并不如往年开心。他在克拉拉家里做客时，见到了她的三女儿朱丽叶，真是女大十八变，当年不起眼甚至有些弱不禁风的黄毛丫头已经长成了亭亭玉立的大家闺秀，颇有克拉拉的气质。勃拉姆斯一改以往的戏谑态度，非常绅士地与这位淑女谈起了艺术。他的热情并未引起朱丽叶的多想，她自儿时起就视他为叔叔——他是父亲忠实的学生和朋友，一位默默照顾舒曼儿女的善良的人。勃拉姆斯说不清自己对朱丽叶到底怀有怎样的情感，他只是关心着她，每天都到克拉拉家里，和她聊旅行和音乐，却没有任何特别的表示。

几天后，克拉拉对勃拉姆斯谈起朱丽叶与意大利伯爵订婚一事，她正要抒发心中的不舍与担忧，却发觉听者比她还要沮丧，两眼已经出神，不久，勃拉姆斯就起身离开了。之后的日子里，勃拉姆斯很少到克拉拉家做客，就是去了，也是心不在焉、答非所问的样子。直到9月，朱丽叶结婚的那一天，勃拉姆斯又造访克拉拉家，他径直走到琴房，摊开谱子开始弹奏。那是勃拉姆斯为女低音、男声合唱和管弦乐团所写的新作《女低音狂想曲》，歌词取自歌德的诗篇《冬游哈尔兹山》，描写了一位遭遗弃的流浪者的孤寂心境：

……
甘露对他已变成毒药。
他从爱的满杯里
尝到厌世的滋味。
先受蔑视，如今是蔑视者，
他在不充足的
自我满足之中
暗暗磨灭自己的价值。
……

积郁越发沉重，压在心头却又不断翻涌，在克拉拉听来，那是痛苦的爆发，愤怒的呐喊，她惊异于音乐的表现力，感受到勃拉姆斯的内心思绪，却默然不语。乐曲结尾走向了庄严肃穆，如夕阳余晖一般的声音充满了安慰。曲终，作曲家随即起身，他有礼貌地向新娘表达了祝贺，接着悄然离去。

《命运之歌》《情歌》《女低音狂想曲》以及《里纳尔多》

《女低音狂想曲》手稿中的一页

等都属于艺术歌曲的范畴。勃拉姆斯的艺术歌曲创作可以追溯到1851年，直到他去世前不到一年，他还谱写了《四首严肃的歌》。勃拉姆斯出版在编的有近400首艺术歌曲，包括200余首独唱曲，以及大量的二声部、三声部、四声部歌曲和民歌改编曲等。但是勃拉姆斯过于自律，他销毁的作品比留下来的还多，所以无法确切知道他的一生到底写了多少歌曲。

勃拉姆斯的艺术歌曲作品满怀对世界的崇敬与热爱。在许多以大自然为主题的歌曲里，充满了诗情画意和对生命的喜悦之情，比如《爱之歌》《林中恬静》《寂静的原野》《藏在心中的向往》等。聆听这些作品，仿佛置身于深邃而辽阔的自然之境，呼吸林间的清新空气，寻找黑森林中特有的静谧。他的作品里还有浓厚的家庭风味。尽管作曲家在争吵的环境里成长，也没有自己的家庭，但是他对家庭从来都怀有一种深深的眷恋——特别是舒曼一家的中产阶级生活，一直都是他所向往的。不过，他对家庭的爱是真实而克制的，从不陷于感伤和自怜，这在歌曲中表现得淋漓尽致。

勃拉姆斯的艺术歌曲具有古典主义情怀，从这一点上来说，他更接近于贝多芬，而不是舒伯特。贝多芬的艺术歌曲作品表达了人类丰富的精神世界，深刻而朴实。而生活在浪漫主义高峰时期的勃拉姆斯，却以古典主义的严谨结构，表达了爱情、大自然与死亡等一系列典型的浪漫主义主题，且不像其管弦乐作品晦涩，他的艺术歌曲在表达上更为明晰。

勃拉姆斯的艺术歌曲是接地气的。他不像舒伯特和舒曼那样严苛地选择歌词，除了古典与同时代的诗歌，勃拉姆斯还喜欢采用质朴的民间诗词，涉猎戏剧家与哲学家们的警句格言，并对基督教义、《圣经》特别有研究。勃拉姆斯对德国民歌有很深的感情，自少年时起，他就热衷于搜集德国民歌素材，他先后出版了 7 册《德国民歌集》，自己还创作了 90 多首德国民歌，他的艺术歌曲比起贝多芬、舒伯特等更具有德意志民族性格。他还汲取奥地利民谣、吉卜赛音乐的精华创作出风味独特的歌曲作品，比如那首著名的《摇篮曲》，它的灵感就是作曲家从维也纳女子的歌声中得到的。

勃拉姆斯艺术歌曲的每一个乐句都体现出他对音乐的精心经营。他喜欢使用柔和的调性，不喜装饰，写出的旋律朴素自然，具有民歌神韵。歌曲的节奏则相对多样化，特别在钢琴伴奏上，充分展现音乐的动态感。勃拉姆斯的歌曲大多数用钢琴伴奏。不过，勃拉姆斯更讲究技巧性，他所写的钢琴伴奏并不只是用来辅助的——这位自幼谙熟钢琴的作曲家，可以用精深繁复的形式与细致纤巧的语言自由地表达内心丰富多变的世界。比如《永恒的爱》，钢琴与歌唱旋律紧密结合，对人物的心理活动特别是爱情的隐秘，刻画得细腻入微，形象地表达了作曲家的心声。

勃拉姆斯的艺术歌曲以抒情为主，时而轻松幽默，时而深沉严肃，温柔而舒展，宽广而悠长，粗犷与柔和相融，绝望与梦幻交织。他的歌曲具有北德的寒冷苦涩，又有维也纳的温暖绚丽。作曲家以精致优雅的形式释放内在的热情，他的歌曲不是情感诉求的反映，而是真情地表达这种诉求，但从来都不是夸夸其谈，更不是放纵，这在颂扬瓦格纳“爱之死”的时代是罕见的。

爱国情结

1869 年秋天，勃拉姆斯返回维也纳，开始他的自由生活。勃拉姆斯一般以钢琴大师身份出现，有时教钢琴课，或在大学里拿自己的乐曲作为范例指导教学，但他最喜欢的还是研究古谱。他常到书店里搜寻珍贵的手抄本，或者埋首于爱乐协会的古籍典藏室，抄录他喜爱的音乐主题，或者古老的音乐技法，以备未来作曲之需，连协会图书馆的管理员都成了他的好友，这位管理员在馆藏中的新发现总令勃拉姆斯惊喜不已。晚上，勃拉姆斯则外出访友，偶尔到剧院看看新戏，或者到游乐公园漫无目的地闲逛，打发一下寂寥的时光。勃拉姆斯对歌剧创作的兴趣渐渐浓厚起来，甚至对于维也纳音乐之友协会空缺的指挥职位也不大关心。事实上，他又犹豫了，尽管薪水固定且丰厚，但他怕失去自由之身，克拉拉却在信中一针见血地指出："你具有精湛的指挥功力，因为只有你才能在瞬间掌握乐曲的精髓。唯一令我怀疑的就是，你能否处理这种类似于教练的工作，毕竟对一位真正的艺术家来说，这种事情总是十分棘手的，而你的个性却无法让你在短时间内和人沟通……"然而，那些别人视为正当职业的工作，不论是歌剧作者还是指挥，在勃拉姆斯看来，都不大适合现在的自己，就像他所言"时机还未成熟"。尽管他从朋友那里要来了剧本，却仍找不到灵感，最终放弃了创作歌剧的念头。

而正当他面对职业机会举棋不定之时，别人却暗中布局，将他从指挥工作的希望中挤出来。这令勃拉姆斯深感失望，维也纳乐坛也存在意见分歧，正值初夏，他索性离开这个是非之地，外出度假避暑去了。

遗憾的是，勃拉姆斯刚刚迈出流浪者的脚步，就被战争打乱了计划。1870 年 7 月 19 日，阻碍德国统一的法国向不断挑衅的普鲁士宣战，普法战争爆发。火车停开，北德被划为战区遭到封锁。尽管不能到利希滕塔尔度假，勃拉姆斯还是十分兴奋的样子，他认为法国人是侵略者，并告诉朋友："我是如此热血沸腾……如果我参军打仗，我相信我会在那里遇见我的父亲，他将和我并肩作战。"还没等勃拉姆斯下定决心，宣战者反而节节败退，普鲁士军队于 9 月前就占领了巴黎。1871 年 1 月 18 日，普鲁士国王改封号为威廉一世，在凡尔赛宫登基，称"德意志皇帝"，德国终于统一。勃拉姆斯在写给好友的信中高呼："俾斯麦万岁！"了解他的朋友在分享他的喜悦的同时，也热情地鼓励他作一曲颂歌。其实，无需任何人提醒，勃拉姆斯早就写下合唱巨作《胜利之歌》的部分乐章，德国的统一与崛起，正催他加紧创作，他甚至想将作品送给他崇拜的俾斯麦和新君王。

对于勃拉姆斯的爱国情结，他的一个朋友弗洛恩斯·迈曾回忆说："勃拉姆斯对政治十分敏感，并具有可以和其他时评相匹敌的睿智领悟……他所坚持的国家主义虽然让某些人感到不解，但是对那些强烈热爱德意志文化、山川大地并想将德国传统发扬光大的人而言，并不觉得困窘。"德国早期的浪漫主义，就是和这样的情感紧密相连的。遗憾的是，这种国家主义最终沦落为外族恐惧与种族仇恨，这在瓦格纳身上尤为明显。尽管"纳粹"这个词在那个时代还未产生，但瓦格纳可以看成是纳粹胚胎……勃拉姆斯显然并不认同那样极端而邪恶的爱国主义，他甚至感到自己都有些狂放了，缺乏对情感的克制和约束。

1871 年 5 月 10 日，德法双方签署《法兰克福合约》，两国正式停战，德国从法国手里拿下两个省，并获得巨额赔偿。在不来梅，纪念德国阵亡战士和为伤兵募款的慈善音乐会正在举行，《胜利之歌》第一部分和《德意志安魂曲》被安排在演出中。《胜利之歌》不是作曲家的应景之作。当勃拉姆斯看到自己深爱的德意志土地和生生不息的人民，在他所尊敬的政治人物的领导下终于集聚在一起的时候，他发自肺腑地表达他心中的喜悦，乐曲中展现了德意志民族的胜利之情，雄壮宏大，热情澎湃，演出感动了在场的每一个人。在大约一年后的一场音乐会上，《胜利之歌》才完整首演，得到观众们疯狂般的热情回应。但这也让作曲家重新审视这首作品，他觉得普法战争已成为记忆，《胜利之歌》在情感上的表达有些不妥，他放出消息说希望该曲不再上演，不过由于没有强制，这首作品仍在德国受到追捧。

对统一的德意志土地感到热血沸腾的勃拉姆斯是当时德国人的写照，他们满怀信心地拥护和渴望帝国的崛起。此时的德国社会充满了活力，工业化的进程势不可当。然而表面的繁荣掩盖不了堪忧的现实——贫富分化不断加剧，工人运动风起云涌，而帝国的专制主义，使得矛盾加剧，底层人民的生活十分艰苦。

生活在这种环境里的勃拉姆斯，一直关注德国的命运。后来成为他挚友的魏德曼回忆说："对于政治事件，他首先考虑的始终是那些尚未解决的、不知对德国与德国人民是福还是祸的事情。"在 1884 年写给西姆罗克的信中，勃拉姆斯表达了他的忧虑："……现在当一切都在走下坡路——不是走，而是迅速往下滑——的时候，你对一座城市和一个邦国都不能有所指望，也不能指望音乐状况有所改善。这确实是悲哀和值得惋惜的事情，不仅音乐的处境

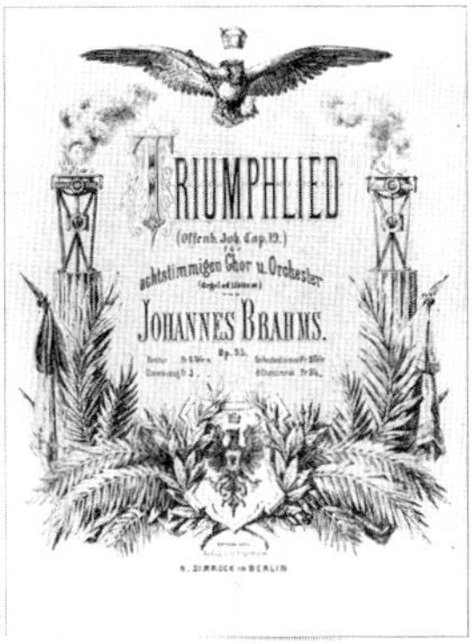

1872 年出版的《胜利之歌》扉页

勃拉姆斯本想将《胜利之歌》献给德国战争的胜利或俾斯麦，在西姆罗克的提醒后，他改献给了威廉一世

如此，整个国家和善良而卓越的人们的处境也是如此。”虽然勃拉姆斯一生并没有参与政治活动，但他在创作中曲折地反映了时代和社会的影子，那是德意志帝国建立时的梦想被社会现实击碎后而产生的失望与忧郁，那是对残酷现实辗转反思却找不到出路的矛盾与彷徨。

魏德曼（1848—1911），德国诗人、作家和编辑，与勃拉姆斯友谊深厚，曾写下回忆文字。

何处为家?

1871 年的夏天，勃拉姆斯终于又一次来到利希滕塔尔，在那里他完成了三年前起笔的《命运之歌》，还在克拉拉家里为弗洛恩斯·迈上钢琴课。弗洛恩斯·迈后来回忆说，勃拉姆斯总是让学生体会和弹奏巴赫的音乐，而且只在不得已的时候，他才会演奏自己的作品。

10 月中旬，在观摩了卡尔斯鲁厄举行的《命运之歌》

首演后，勃拉姆斯回到维也纳，并在圣诞节后觅得一处理想居所，它位于卡尔斯街 4 号的公寓中，是第三层楼内靠右的两间带有家具的房子，看起来朴实无华。它闹中取静，能俯瞰风景，还靠近音乐之友协会——里面有他离不开的音乐厅和图书馆。

不等勃拉姆斯安顿好，继母的信就寄了过来，催他赶快回汉堡，原来，雅各布染上了重病。1872 年 2 月 11 日，已是肝癌晚期的老人很快走到了生命尽头。回想父亲的一生，勃拉姆斯流下了眼泪。父亲一直在为生存作斗争，却从来没有放弃过他的音乐理想。而如果没有父亲的启蒙与支持，恐怕自己也难以获得现在的一切。至于父亲与母亲一辈子的吵闹，勃拉姆斯认为那不过是不幸婚姻的产物而已。是的，父亲对不起母亲，可是，责备又有什么意义呢?其实，勃拉姆斯从来都不曾生出怨恨。前几年，他两次邀请父亲外出旅行，用巡演挣得的钱作为二人旅行的费用。雅各布已有四十年没有出过汉堡，当他来到南方的维也纳，就爱上了这座城市。勃拉姆斯怀着孩子一样的兴奋之情陪伴着父亲，带他看遍当地的风景名胜，并把他介绍给自己认识的每一个人。勃拉姆斯还带着他到山区游玩，后来雅各布在信中愉快地写道："你不知道有多少人羡慕我呢！当

勃拉姆斯

从维也纳音乐之友协会的金色大厅可以看到卡尔教堂和勃拉姆斯的公寓，该照片摄于1895年

然，我也适度地添油加醋了，告诉他们我爬到了雪拉夫堡的顶上，但是我没说有四分之三的路程是骑马走的……”看到父亲从来没这么开心过，勃拉姆斯高兴极了。父子俩的脚步还沿着莱茵河畔，远达瑞士。望着壮丽的山川景观，雅各布惊喜地感叹大自然的鬼斧神工，却也觉得自己年纪大了，跟不上儿子的轻快脚步……想到当年父亲脸上洋溢着的幸福，勃拉姆斯心感慰藉，自己也曾陪着他一起走过许多路。

现在，几乎没有什么事让勃拉姆斯挂念家乡了。一直单身的姐姐在五年前嫁给了一位60岁的钟表匠，他是一个有六个孩子的鳏夫。像勃拉姆斯曾担忧父亲再婚一样，他对伊丽莎选择年龄过大的配偶感到忧虑。但是，这种忧虑被再度证明是不必要的，姐夫是体贴而仁慈的人，他和姐姐生活得很快乐。勃拉姆斯与弟弟弗里茨的关系一向紧张。尽管雅各布在孩子的教育方面并不偏心，但勤奋的弗里茨缺乏天分，他在音乐上默默无闻，却受勃拉姆斯的盛名之累——当地人以为弗里茨是勃拉姆斯，后来才知道弗里茨是“搞错了的勃拉姆斯”，约翰内斯才是“搞对了的勃拉姆斯”，弗里茨甚至在1867年至1870年间到委内瑞拉躲避世人的嘲弄。但是，弗里茨并非全无错处，他通过教学获得稳定的收入，却总是拒绝帮助家里维持生计。在父亲生命垂危的时刻，兄弟俩才暂时和平共处，之后再也没那么亲密过。明智的继母不希望成为任何人的负担，她决定经营一家旅馆。勃拉姆斯对她十分尊敬，甚至胜过姐弟。在后来的信中，他称她为“母亲”，并写道：“我明白我们姐弟的损失有多大，而您也会感到寂寞。无论如何，希望您现在能感受到其他人给予您的双倍的爱，以及我对您的全心全意的爱。”

勃拉姆斯一家人就这样分道扬镳。虽然勃拉姆斯仍和姐姐、继母及其家人保持联系，多年来坚持探望和资助他们，但他明白，汉堡再也不是他的家了。勃拉姆斯带着最后一批东西，包括大批的音乐手稿和书籍，挥别了故乡——那个生他养他，曾让他又爱又恨而最终不再挂念的地方。

何处为家？流浪者心里早有答案：下一站是维也纳。

第6章：恣意驰骋的辉煌岁月

维也纳总监

勃拉姆斯刚在维也纳卡尔斯街4号安顿下来，就得到当地爱乐协会音乐会总监一职的邀请，这对他来说真是一大喜讯——他终于可以稳定地待在他喜欢的地方了，那是汉堡不曾给予他的。但即便面对这样的机会，他还是报以一贯的犹豫态度。父亲离世不久，他对于社会生活还有些疑虑，就像在写给克拉拉的信中所言："我既不想把笑声融于众口喧嚣的声浪中，也不愿参与到谎言的大合唱里，这就如同一个人最好保持沉默，或者梦游到远方……"不

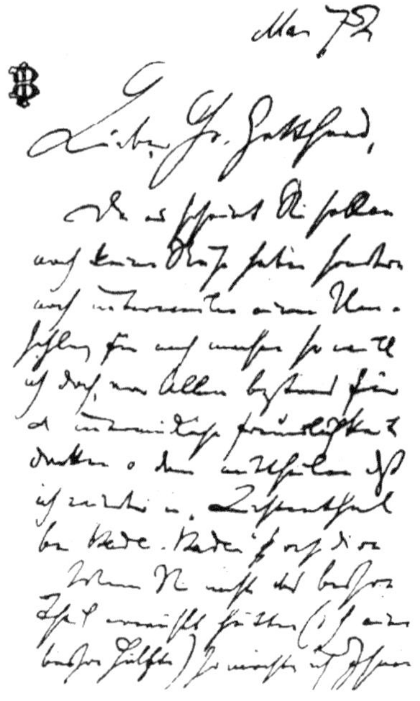

勃拉姆斯 1872 年写给朋友的信

过，这次的犹豫没有弄巧成拙，反而让他获得了最好的条件——丰厚的薪水和在艺术上的绝对自由。

1872 年秋天，勃拉姆斯终于接下新职。他新官上任的第一把火便是对交响乐团和合唱团的排练演出活动确立严格的标准和要求，并巧妙地解雇了一些不符合该标准的乐团成员。勃拉姆斯日常的工作主要是参与乐团排练，在曲目选取上，他对当初指导歌唱会社时的情景记忆犹新，现在的他开始考虑观众的接受程度了，他尝试了一些公认反响良好的作品，包括古典主义时期以及浪漫主义早期音乐家的名作，但省略了新德意志乐派的曲子。勃拉姆斯喜欢忠实地呈现古曲，还启用当时已属于古物收藏家所热衷的乐器　　羽管键琴。新总监组织的音乐会开始并不为观众接受——他的喜好似乎与时代格格不入，但经过勃拉姆斯的推广经营，观众越来越多。

羽管键琴出现于 14 至 15 世纪的意大利，后来传播到欧洲各国，成为巴洛克时期一种重要的独奏乐器，属于弦乐乐器，音量较大，在形制上与现代三角钢琴相似，但琴弦是用羽管拨奏而非用琴槌敲击，19 世纪初期逐渐被钢琴代替。

羽管键琴

海顿

第一季任职接近尾声，勃拉姆斯就迫不及待地丢下令他感到不适的行政工作，到德国南部的小镇度假去了。他对此地的钟爱引来了很多好朋友，在这样一个愉悦的假期里，勃拉姆斯在创作上很有收获。他完成了《c 小调第一弦乐四重奏》的最后部分，接着开始谱写《a 小调第二弦乐四重奏》，c 小调明显透露出作曲家想要摆脱贝多芬阴影的愿望，因而不如 a 小调悦耳。他将三年前写成的双钢琴版本《海顿主题变奏曲》改写成管弦乐编制，并将两个版本以同一编号出版。有趣的是，勃拉姆斯喜欢将他的作品改成双钢琴形式以便让朋友们私下弹奏，不过以两种版本同时出版的作品很少，除了这一部，还有 f 小调钢琴五重奏及其双钢琴版本。

海顿（1732—1809），奥地利作曲家，维也纳古典乐派代表人物之一，一生音乐创作涉猎广泛，以交响乐与弦乐四重奏成就最高，其确立了交响乐创作形式与配器原则，创作了百余部交响曲，被称为“交响乐之父”，代表作有《惊愕交响曲》《伦敦交响曲》，清唱剧《创世记》等。

秋天，勃拉姆斯返回维也纳，开始第二个音乐季。他亲自指挥了《海顿主题变奏曲》的首演并大受欢迎，勃拉姆斯本人也很受鼓舞，他决定拾起之前一度被搁置的 c 小调交响曲。不过，一位女性朋友扰乱了他的计划。1874 年 1 月，勃拉姆斯应作曲家海因里希·冯·赫尔佐根伯格的邀请到莱比锡参加所谓的“勃拉姆斯音乐节”，原来这位赫尔佐根伯格先生是他的崇拜者，而令勃拉姆斯更为惊讶的是，他的夫人竟是他十多年前迷恋过的伊丽莎白！但勃拉姆斯对于嫁作人妇的伊丽莎白已没有任何其他的想法，他和海因里希夫妇的友谊日渐深厚，并维持了多年。不同于克拉拉越发伤感的文字，伊丽莎白写给勃拉姆斯的信充满智慧和欢乐，让作曲家的生命迸发出新的火花。那年夏天，勃拉姆斯便与这对新朋友到瑞士避暑去了，期间不断写出以细腻而轻松的声乐小品为主的新作。他在苏黎世认识了诗人魏德曼，两人相谈甚欢，为今后维持一生的友情做了很好的铺垫。在这段愉快的日子里，勃拉姆斯的玩笑又上演了。一天早晨，一位瑞士音乐学者邀请勃拉姆斯与魏德曼喝咖啡，不料这位学者也是勃拉姆斯的崇拜者，他一直滔滔不绝地恭维勃拉姆斯，谈他听过勃拉姆斯所有的作品，直到他们听到一个二流音乐家的进行曲时，勃拉姆斯严肃地对他说：“你听，这就是我的作品呀！”这位学者马上安静了，听着听着，眼睛开始往上翻，嘴越张越大。

勃拉姆斯则暗自嘲笑他是个傻瓜。后来，勃拉姆斯和诗人朋友到波恩度假，见到了他的小女儿，5 岁的约翰娜。这位严肃的北德人，十分喜欢这个孩子，把她扛在肩膀上大摇大摆地在街上走，这让市民颇为吃惊。

又是一年音乐季，维也纳的总监似乎越来越不好当。行政工作、内部斗争耗去很多排练的时间，而奥地利股市崩盘引起的经济危机让市民拿不出闲钱去欣赏音乐会。勃拉姆斯花费了很多心血，却得到令人失望的结果。不过，对勃拉姆斯来说，证明胜任此职的实力比地位更重要，而且此时的他已经不愁生计了，他需要更多的自由时间用于作曲。他决定回归自由作曲家的状态，这让爱乐协会感到遗憾，就为勃拉姆斯举办了一场告别典礼，却令他差点发火，因为他认为协会的致辞有奉承、夸大之嫌。

再次卸任职位而重返自由的勃拉姆斯，感到比几年前更加轻松。一方面，经济更加宽裕，另一方面，也是重要的一点，他的实力已经获得了认可，就连当初攻击他古典风格的音乐家们，也认为他属于一流作曲家的行列。这似乎是可以放松的时刻，但勃拉姆斯仍不知倦怠。

摆脱贝多芬的阴影

1875 年 3 月 26 日是贝多芬逝世 48 周年纪念日，勃拉姆斯与朋友一起到贝多芬病逝的房间瞻仰致敬，在为大师致哀的静默中，勃拉姆斯再一次思考自己面临的最后一项挑战——如何摆脱贝多芬投在他身上的巨大阴影。

在维也纳，大众一直幻想勃拉姆斯是贝多芬的转世再生：两人都是爱喝酒的单身汉，有着同样矮小结实的身材，衣着不修边幅，以出了名的坏脾气对待围攻者们。更重要的是，勃拉姆斯的音乐延续了贝多芬的古典主义精神和理性主义传统。所以，人们把他看成“贝多芬的传人”或者“贝多芬第二”，甚至殷切盼望他写下交响曲，也就不足为奇了。

对勃拉姆斯来说，贝多芬一直都是他的偶像，但这位偶像除了引领他走向古典主义的道路之外，还给他身上投

年轻的贝多芬

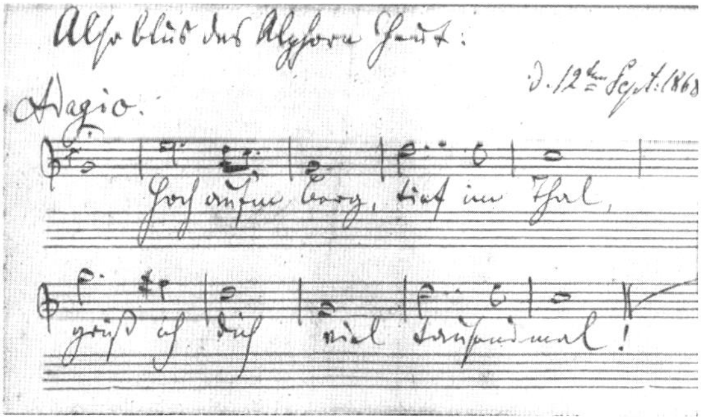

1868 年勃拉姆斯与父亲在瑞士度假期间寄给克拉拉的生日卡片，其中提到了阿尔卑斯长号

下了阴影，勃拉姆斯曾感叹：“你不知道这个家伙怎么阻碍了我前进的脚步。”事实上，他在1862年就写出了《c小调交响曲》的第一乐章，还在1868年为它的终乐章配上了一首德国民谣诗送给克拉拉当作49岁生日的问候礼，但他还是退缩不前。

1875年在齐格豪森避暑期间，勃拉姆斯创作并完成了一系列作品，包括风格更加明亮的《降B大调第三弦乐四重奏》，历时达二十年之久的《c小调第三钢琴四重奏》，还有其他一些声乐二重唱等。但在他看来，自己尽做无用的琐事来逃避面对交响乐的苦恼。然而，创作交响曲的想法挥之不去，在那年冬天，勃拉姆斯还断断续续地写了一些。到了1876年夏天，交响曲快要收尾了，勃拉姆斯和朋友乔治·亨舍尔到萨斯尼茨度假。萨斯尼茨位于吕根的巴尔提克岛，是一个海滨度假胜地。勃拉姆斯透过他房间的窗户，能眺望到随风低语的玉米田，然后是森林，一直绵延到海岸边。他和亨舍尔常常躺在海边的吊床上打盹，一起潜水、游泳，还在海滩上搜寻漂亮的石头。四十多岁的勃拉姆斯有时还像个孩子一样，他喜欢在池塘里抓青蛙，然后让它们跳来跳去，想象这些动物们是童话故事里王子、公主的变身，作曲家听着它们的鸣叫，感觉像是一首悲伤

位于利希滕塔尔郊区的巴登－巴登，1865 年至 1876 年勃拉姆斯在此避暑，完成了一系列重要作品

卡尔斯鲁厄当地的剧院，《c 小调第一交响曲》首演之地

的降 C 大调。后来，这些偶得的灵感还真的融进了他的作品里。

然而美丽的吕根并未让勃拉姆斯感到舒适，因为他已习惯于维也纳的生活，而且交响曲的创作也不是那么顺畅，勃拉姆斯还是会感到贝多芬阴影的笼罩，就连亨舍尔都觉得朋友能清楚地唤起人们对贝多芬的记忆来。但不能否认，当地的风土地理在很大程度上塑造了这部交响曲崎岖不平的质感。不久，勃拉姆斯回到利希滕塔尔，将要完成这部庞大作品的最后工作。

这时，有一个对他极具吸引力的工作机会——杜塞尔多夫乐团音乐总监，让他犹豫不决。其实，比之维也纳的都市生活，杜塞尔多夫是一个不再令勃拉姆斯心动的小镇，主要因为自己一个单身汉的身份与当地的风俗不搭调，但是对舒曼的怀念，又让他难以割舍，那个职位是舒曼的旧职。不过，勃拉姆斯一直挂念的交响乐推迟了他的决定，他要为作品挑选首演地，最后他选择了卡尔斯鲁厄，一个远离音乐界名流与大众期望的地方。11 月 4 日，勃拉姆斯的《c 小调第一交响曲》终于公布于世，奥托·德索夫担任指挥。尽管掌声一般，赞美不多，但作曲家相当满意。不久，勃拉姆斯将演出选在贝多芬势力范围的曼海姆和维也纳，向拿他与贝多芬比较的世人发起挑战。人们在勃拉姆斯的第一交响曲里感受到与贝多芬作品风格相似的强烈情感挣扎，还注意到终曲与贝多芬《第九交响曲》终曲有相似之处，勃拉姆斯厉声反击道：“任何一个笨蛋都看得出来!”这部作品很快就被封为“贝多芬的《第十交响曲》”，令勃拉姆斯十分懊恼。

《c小调第一交响曲》共有四个乐章，从第一乐章的矛盾与挣扎，第二乐章的悲痛与幻想，到第三乐章的期待与向往，直至终曲乐章的欢呼与赞颂，表达了勃拉姆斯的理想探求与摆脱痛苦、走向光明的哲理信念，也突显出贝多芬式“通向斗争走向胜利”的英雄性构思对他的深刻影响。如同音乐评论家所赞誉的那样，这部作品从音乐形象、风格特点、结构原则与思想内涵等方面，都十分接近于贝多芬的古典主义交响乐，然而，其中强大的情感叙述与炽烈的热情，又与浪漫主义精神相关联，并带有勃拉姆斯式的克制。

第一乐章以奏鸣曲式写成。引子由定音鼓与低音管弦乐器持续走出的均匀低音缓缓展开，形成一幕凝重而不祥的背景，充满紧张感的旋律如密布的阴云，预示了整个乐章的悲剧气氛，接着两个反向进行的、具有扩张性的音调表现出强烈的戏剧性。呈示部犹如奋起的千军万马向命运发起挑战，由小提琴奏出的棱角分明的第一主题具有昂扬激越的特点，呈现出一幅史诗般的战斗场面；而双簧管奏出的温柔感人的第二主题使情绪趋缓，表现出一种对希望的探求，接着中提琴由轻盈到有力地拨奏，将主题带回英武气概。展示部里，引子的动机再次出现，却有了圣咏气质，像是怀着肃穆之心回顾以往的奋斗历程，而呈示部结尾段过渡部分的加入，将音乐高潮推向新的高度。再现部基本现出呈示部的素材。尾声复述了引子的阴沉主题后，重现呈示部第一主题，却在激昂情绪尚未酿成就突然中止，意味着痛苦与疑虑并没有得到解决，最后，悠缓的木管长音将音乐结束于悄然之中。

第二乐章是作曲家暂时的休憩与思索，抒情诗一样的意境营造了一种梦幻和沉思的心境。小提琴奏出的第一主题时断时续，像略带伤感的叹息，接着双簧管引领的第二主题以甜美的旋律带人进入静谧的思考之中。随后，第一主题再现，却没有任何疑惑地展现出一幅开阔明朗的画面，色彩越发轻盈，在乐章结尾前，第二主题缓缓融进，真挚纯净的情感扣人心弦，期间弦乐与管乐的交织演进如酸甜苦辣混合的人生百味，诠释了繁复变化的思绪。最后，小提琴独奏出延长的高音，静静地结束了乐曲。

第三乐章富有维也纳民间舞曲的风格。单簧管柔美地奏出第一主题，清新温婉，轻巧活泼，接着是小提琴奏出，木管则在符点中奔跑嬉戏，期间有一段诙谐幽默的乐句，调节了音乐节奏和样式。后面，管乐器同弦乐器的对答交流有着贝多芬“命运”和“欢乐颂”主题的影子，但给人以轻松的感觉。再现段以欢快的旋律表现出向往光明的情绪。

第四乐章作为终曲具有结论的性质。经过前面两章的沉思与欢舞，人们威力焕发，将对第一乐章的黑暗重压发出最后通牒。乐曲从一段威严的序奏开始，绝望的感觉由远及近，定音鼓轰轰作响，管弦乐器尖锐呼啸，惶乱不安的气氛愈演愈烈。接着，浑厚的圆号吹奏出一支悠长的旋律，银辉闪烁般的长笛演绎出它的“回声”，这是作曲家在阿尔卑斯山听来的曲调，那豁然开朗的感觉，传达出光明即将来临的讯息。终于，充满英雄气质的第一主题呼之欲出，它是一曲庄严威武又纯朴动人的颂歌，作曲家有意识地在旋律、和声、节奏甚至气质上接近贝多芬的《第九交响曲》，以表现人类的友爱与光明终将战胜黑暗的决心。由小提琴奏出的第二主题以大幅度起伏的旋律线条，暗示酝酿中的无限生机，其与另一支低音旋律或融合，或分解，相互推进，音乐情绪不断高涨，直到瞬间平息。音乐跳过展开部直接到达再现部，弦乐器奏响宏伟辉煌的“欢乐”主题，阿尔卑斯山辽远壮阔的号角再次传来，主题被多方演绎，戏剧性不断膨胀，终于在尾声时，雄浑嘹亮的铜管乐器将全曲气氛推向胜利的巅峰。最后，光明而有力的 C 大调主和弦为这部标为 c 小调的交响乐作结语，生命赞歌辉煌永驻！

1877 年 1 月，勃拉姆斯怀着紧张忐忑的心情准备在莱比锡亲自指挥他的交响乐。在他看来，莱比锡的口味最难捉摸。音乐会开始的前几天里，作曲家就开始冒冷汗，不得不喝菊花茶来缓解。在写给朋友的信中，他还这样不无夸张地写道：“如果在演出结束后我想自杀，那么你就能知道，一个被逼急的作曲家会如何使出浑身解数……”可喜的是，挑剔的莱比锡人以热情的喝彩阻止了勃拉姆斯神经质的冲动。3 月，第一交响曲被约阿希姆带到英国剑桥大学指挥公演并获得成功，更加稳固了勃拉姆斯在英国的声名。其实，在大约一年前，剑桥大学准备授予勃拉姆斯荣誉音乐博士的头衔，但勃拉姆斯并未前往英国，因为他恐惧海上旅行，而且讨厌套装打扮，当时他去函询问是否能在本人缺席的情况下授予学位，但被告知否定的答案，

阿尔卑斯长号

阿尔卑斯长号原是阿尔卑斯山区牧民召唤牧群、传递信息的工具，具有500年以上的历史。它是木质号角，长3到4米，重达4公斤，其悠长的声音能与周围的群山森林和谐共鸣，每年在瑞士瓦莱州南达镇都会举行国际阿尔卑斯长号音乐节和比赛，是瑞士山区文化的代表。

他不得已放弃了。而这次交响乐的成功演出，让他获得了无需本人出席就可获颁的伦敦爱乐协会金质奖章，勃拉姆斯心感慰藉。

勃拉姆斯与贝多芬阴影的长久奋战，在其能力得到中产阶级的一致肯定与尊重后，终于以他的胜利宣告结束。此时，勃拉姆斯对“作曲家”的称谓真正地感到当之无愧，也不需要杜塞尔多夫的官定头衔来确认自我了。

田园诗情

1877 年 6 月，怀着第一交响曲胜利巡演的喜悦心情，勃拉姆斯到奥地利南部的贝尔察赫小村庄避暑，这里俯瞰湖面、群山环绕，景象十分壮观，周围的人们纯朴而善良，他感到更加愉悦，不禁叹道：“这么多旋律到处飞舞，可得小心点，免得踩到它们!”果然，作曲家的灵感喷薄而出，另一首交响曲正以惊人的速度在五线谱上舒展开来，他的第一首经文歌和其他歌曲也相继新鲜出炉。8 月底，勃拉姆斯回到利希滕塔尔，完成了交响曲的收尾工作。《D大调第二交响曲》的创作前后仅花了他三个月的时间。

10月，这部交响曲的排练拉开了帷幕，他的朋友们好奇地向他打听新作的情况。勃拉姆斯在给伊丽莎白的回信中顽皮地说：“我不需要事先为你演奏。你只消坐在钢琴旁，小脚丫轮流踩两个踏板，然后连续不断地弹奏f小调的主和弦，先用强音，再用弱音，不一会儿就能得到这首新作的生动印象了……”年底，第二交响曲在汉斯·李希特的指挥下于维也纳首演，观众的掌声热烈而持久，第三乐章还应观众的要求加演一次。当掌声终于停下来，一位观众大叫着：“永远都忘不了从这部交响乐中所享受到的欢乐！”朋友比尔罗特则评论：“这是一首有着蓝天、阳光、凉爽绿荫与微波荡漾的溪流的乐曲，贝尔察赫必定很美啊！”

《D大调第二交响曲》是一首纯朴感人的浪漫主义田园诗，尽管有些部分仍有《c小调第一交响曲》那悲剧性的遥远回响，但整部作品中明朗柔美的田园情趣是占主导的。喜爱这首交响乐的维也纳人不顾勃拉姆斯是否乐意，还是拿他与贝多芬相比，将此曲称为勃拉姆斯的“田园”交响曲。

第一乐章从提琴深远的低音哼鸣开始，圆号与木管先后奏出，对答呼应，柔美舒服的第一主题旋律一如傍晚前最后一抹温暖敞亮的阳光，将万物普照于宁静之中，音乐随之进入落霞余晖的绚烂光束里。经过定音鼓、小提琴的色彩性发展，第二主题像一首从心底唱出的歌，急切而略带忧郁，倾诉着对幸福未来的向往。随着力度的增加，音乐以高昂的气势从呈示部进入展开部，不协和的音响加强了紧张不安的情绪，直到木管温和地奏出第一主题，重现了呈示部的田园意境。尾声中，一小段华尔兹舞曲以欢快跳跃的节奏跃然入耳，最后由圆号奏出了气息深长的旋律，带来夕阳残照隐隐浮现的宁静与神奇，乐曲消失于渐渐张开的夜幕之中。

第二乐章是一曲缓慢的柔版。深沉的大提琴与木管展开如泣如诉的下行主题，如沉思者迈着沉重的步子从暮色中走来，确立了乐章凝思默想的气质。接着，圆号奏出一支明亮的旋律，并在双簧管、长笛与低音弦乐器的演绎下，构成一段小赋格曲，仿佛是沉思者对过去幸福而短暂的时光的回忆。中段里演奏的木管明快而流畅，舒展了沉思者的眉头，气氛愈发活跃，心潮愈发激动。但是第一主题忧郁的下行两度再现，高涨的情绪被压抑后又重新焕发出热情，号与鼓的强奏掀起一个巨大声浪，沉思者的激情完全迸发出来。最后再次浮现第一主题的舒缓旋律，像沉思者踱着徐缓的步履，平静地走向远方。

第三乐章的基本主题是节奏轻快、旋律纤巧的小步舞曲，它在大提琴拨奏的烘托下由柔美的双簧管奏出，幽默而动人，与它交替穿插的一首节奏强烈、音调短促、情感炽热的舞曲作为第一插部，呈现了一种五光十色的精灵幻象。基本主题再现后迎来第二插部，这段具有匈牙利民间特色的舞曲，以三拍子的节奏、飞驰下行的音调和强烈切分的尾音展现出更加欢跃的舞动景象。而后，小步舞曲重现，气氛由热情趋于平静，似乎有一种淡淡的感伤。

小步舞曲，是一种三拍子、优雅、舞步较小的舞曲，流行于法国宫廷中，速度徐缓、风格典雅，能描绘许多礼仪上的动态。

第四乐章是一首充满热情欢乐与坚毅力量的终曲，它具有海顿式的活泼与生气，也有莫扎特式的温柔与感性，还有贝多芬式的刚勇与热情，多姿多彩，但更多的是作曲家随心所欲的独创性表现。第一主题以弦乐组齐奏而出，流畅明快，层层演进，随后乐队全体加入，光辉辽阔，掀起高潮，从而确定了乐章的欢乐基调。之后，木管奏出的长音舒缓了情绪，第二主题在弦乐深沉的中音区奏出，明亮温和，具有一种内在的热情和力量。展开部以第一主题进行了简短的展现，急速行进的音乐勾画出一幅游乐队伍的欢庆场面。再现部篇幅依然简短，线条更为精炼，准备迎接最后的高潮——第一主题宽广而深长的音调，第二主题富有生气的切分节奏。在管弦乐队全奏的宏伟音响下，汇成声势浩大的胜利欢呼与歌唱，全曲在强劲的和弦中随之结束。

《D 大调第二交响曲》的成功首演让勃拉姆斯满怀信心地开启了巡演之旅，从德国的莱比锡、汉堡、不来梅，到荷兰的乌得勒支、阿姆斯特丹、海牙等等，多数地方的观众都沉醉在田园风情中，当然也有冷淡的反应，不过这些都没有影响作曲家的快乐心情。

1878 年 4 月，勃拉姆斯决定到意大利来一趟春之旅，纯粹为了放松。他和朋友们游览了罗马、佛罗伦萨、威尼斯等地。无论是自然景观，还是文艺复兴时期的建筑和艺术，或是美酒佳肴，以及彩绘的天花板，甚至是货运马车，都让勃拉姆斯十分着迷。他还喜欢意大利人热情而又有所节制的性格，这或许和他本人就是这样有关。但在音乐方面，尽管他欣赏威尔第，却无法提起对意大利音乐的兴趣。

威尔第（1813—1901），意大利浪漫主义作曲家、最伟大的歌剧作曲家之一，一生创作了30余部歌剧，代表作有《弄臣》《游吟诗人》《茶花女》《阿依达》《奥赛罗》等。

意大利旅行的直接影响就是，勃拉姆斯是留着胡子返程的，这或许是受比尔罗特的影响吧。勃拉姆斯的恶作剧心理得到了极大的满足，生活因此变得更加有趣：他经常冒充别人，以假名字拜访朋友和同事，还能躲开要他签名的乐迷们。后来，勃拉姆斯胡子长了想剪掉时，有朋友打趣说："贝多芬可没有留胡子呢！"他索性就不剪了，一直留着，以示自己与贝多芬的区别。

意大利之行的另一个影响则是在音乐方面。勃拉姆斯之前在贝尔察赫创作交响乐时形成的流畅乐风，在这趟旅行之后变得更加鲜明，甚至摆脱了抒情风格。夏天，他再次来到贝尔察赫度假，完成了十六年来首次专为钢琴所写的一系列作品，统称为《随想曲与间奏曲》，还准备了却他的一桩心愿——为约阿希姆谱写小提琴协奏曲。不过，勃拉姆斯自己并不会拉小提琴，在谱曲的时候就请教约阿希姆很多技术问题，当他觉得小提琴家要求太多的时候，作曲家就不理会朋友的建议，自行地写下去。为了表达对约阿希姆的尊敬和赞美，勃拉姆斯写了一段具有匈牙利吉卜赛风格的回旋曲作为终曲，因为这位可爱的朋友是匈牙利人。

1879 年元旦那天，勃拉姆斯为朋友创作的《D 大调小提琴协奏曲》在莱比锡首演，作曲家担任指挥，约阿希姆担任独奏。可惜，阴晴不定的莱比锡人对这部新作态度冷淡。勃拉姆斯在最初创作它时，没有按协奏曲惯有的三个乐章谱写，而是采用了交响曲四个乐章的曲式。尽管后来他以一个微弱的慢板代替了中间的两个乐章，但还是被人认为作品“太过交响化”。有评论家还指出，它没有可以展现小提琴演奏技巧的华丽乐句。如果说上述都是作品本身的问题，那么莱比锡演出不太成功的原因还可以在演奏者身上找到。约阿希姆当时身体不适，难以展示自己精湛的琴艺，而勃拉姆斯的衣着让莱比锡的听众难以将精力集中在作品的欣赏上。原来，就在音乐会马上开始之前，勃拉姆斯的裤子松了，他匆匆忙忙地拿一条旧领带系在腰上，赶着走上指挥台。随着音乐的起伏，他的“腰带”越来越松，衬衫与腰间的空隙越来越大。观众表情镇定，但心里则希望这首协奏曲能在这位作曲家兼指挥家的裤子掉到脚踝之前结束。幸而闹剧没有发生，曲终时，莱比锡人都松

比尔罗特（绘于1884年，他与勃拉姆斯在1881年再度造访意大利），下面是他的字迹：送给勃拉姆斯——纪念我们的罗马之旅

《D大调小提琴协奏曲》第三乐章小提琴独奏的手稿，上面有约阿希姆的建议与批注

了口气，但掌声寥寥。

不过，莱比锡对勃拉姆斯音乐的暧昧态度并未影响其对勃拉姆斯作曲才能的重视。这一年春天，勃拉姆斯接到莱比锡的邀请——希望他能接掌巴赫曾担任过的圣托纳斯教堂唱诗班的领唱者一职。对勃拉姆斯而言，这个职位因为住在莱比锡的赫尔佐根伯格夫妇而变得很有吸引力，但他最后还是无法放弃自己辛苦赢得的“自由”，拒绝了它的诱惑。

尽管莱比锡人对《D 大调小提琴协奏曲》反应一般，但维也纳和英国的观众们以经久不息的掌声给予了作曲家和小提琴家温暖而完美的支持。这部兼具严整的古典形式与浪漫主义清新气息的作品，与贝多芬的《D 大调小提琴协奏曲》、门德尔松的《e 小调小提琴协奏曲》、柴可夫斯基的《D 大调第一小提琴协奏曲》齐名，被人们并称为“四大小提琴协奏曲”。

下半年，勃拉姆斯与约阿希姆展开了巡演。时光如梭，两位老朋友上次巡演是在 1866 年。这次他们到达了匈牙利、波兰等地，演出受到当地人的热烈欢迎。不过，勃拉姆斯对奔走各地和夜夜巡演的旅途感到不适，他的体力已不如十多年前了。在写给克拉拉的信中他抱怨道：“如果我能每两天演出一次，巡回过程似乎会更称心如意一些，而且还有时间了解当地的风土人情。现在，演奏家的行程安排得太紧凑了，一定要天天演，以至于我只能匆匆忙忙地在演出前一小时抵达，结束后一小时离开。还有比这种职业更令人感到可憎和不屑的吗?”除了演出疲劳，已经成为名人的勃拉姆斯还不得不接受乐迷们的追捧，他们追着他或者排成长队要他的签名，这令他感到厌烦。而且，索取他签名的方法无奇不有，比如有的人寄信给他说自己给勃拉姆斯订购了“十把细长双刃剑”，需要向他索取费用，还有的人要订购他用过的一架维也纳钢琴，需要他签好名的拒绝函等等，但这些都被喜欢搞恶作剧的作曲家一眼就看穿了，他从来没有上过当。

1880 年夏天，勃拉姆斯终于可以休个长假，他选择了一处温泉胜地伊舍尔，那里有好朋友爱德华·汉斯利克和小约翰·施特劳斯，更有令人陶醉的华尔兹音乐和舞会。但勃拉姆斯并没有完全沉溺其中。上一年，布雷斯劳大学要授予他荣誉博士学位，勃拉姆斯在明信片上潦草地写下致谢词寄给校方，算是接受了，按照学校的要求，他需要拿出新作聊表心意。这个假期，他便以当年他在哥廷根唱过的学生酒歌为基础创作了《学院典礼序曲》。高昂的情绪总使得勃拉姆斯灵感迸发，紧接着他谱写了《悲剧序曲》，但与前一部兴高采烈的风格形成了鲜明对比，这是一部激昂而忧郁的作品。勃拉姆斯自己概括这两首序曲是“一首在欢笑，另一首在哭泣”。原来，处于事业巅峰的勃拉姆斯自 1879 年以来逐渐感受到某种无助：克拉拉的小儿子菲利克斯，也是勃拉姆斯的教子，因肺结核病逝；他的一位怀才不遇的画家朋友弗耶巴赫在威尼斯孤独离世；他的听力开始下降，并偶发耳聋；他与约阿希姆的友谊因为一系列的误会而岌岌可危……于是，一部具有浓重悲剧色彩的新作诞生了，但如勃拉姆斯作品的惯有性格，这首曲子的旋律中蕴藏了一股不屈不挠的生命意志，死亡的主题已经成为激发作曲家不断思索和超越的动力。

我自岿然不动

年近 50 岁的勃拉姆斯已经成为自由作曲家，秋冬季巡回演出，春夏季旅行度假，无需为生计发愁，更不用为琐碎的行政工作、复杂的人际关系所累。在度假中，勃拉姆斯的身心能得到充分的放松，灵感常常迸发出来，一系列重要作品也相继诞生，如《降 B 大调第二钢琴协奏曲》《命运三女神之歌》《F 大调第一弦乐五重奏》《C 大调第二钢琴三重奏》等。

世人对《降 B 大调第二钢琴协奏曲》说法不一，有人认为它是一首宏大的室内乐，有人则认为其是一首有钢琴伴奏的交响曲，还有的人觉得它是最伟大的协奏曲之一，其技巧精湛的结构中蕴含着温暖的浪漫主义主题。勃拉姆斯将这首作品献给了一直坚信他的才华、不遗余力地培养他的“亲爱的朋友兼老师——爱德华·马克森”，表达他由衷的尊敬与感谢。这首作品于 1881 年 10 月底在迈宁根公国试演。勃拉姆斯发现公爵及其夫人都很喜欢艺术，而且比代特莫尔德的守旧贵族可爱多了，很快就和他们成了朋友。后来，勃拉姆斯的不少作品也多次在迈宁根上演。

勃拉姆斯在迈宁根的试演其实是汉斯·冯·彪罗邀请的，他于 1880 年成为迈宁根公爵交响乐团的指挥。尽管彪罗与勃拉姆斯在 1854 年就认识了，但因彪罗那时是瓦格纳的学生，坚定地追随着瓦格纳，与勃拉姆斯没有进一步接触。谁知世事难料，1863 年瓦格纳与彪罗的妻子科西玛——

也是李斯特的女儿——相爱了，彪罗十分痛苦，四年后与科西玛离婚。这件事的直接影响就是，彪罗在音乐方面发生了巨大转变：彪罗原本只是对勃拉姆斯的才能有所仰慕，现在成了他的忠实支持者——彪罗宣称音乐上只有三“B”：巴赫、贝多芬与勃拉姆斯。

《命运三女神之歌》是勃拉姆斯受格鲁克的歌剧《伊菲姬尼在奥利德》的启发而作的。剧中向无情冷酷的希腊诸神挥舞拳头的部分歌词让勃拉姆斯深有感触，他选取出来并配上黑暗的音乐，表达了一种宁死不屈、绝不妥协的精神。《F 大调第一弦乐五重奏》与《C 大调第二钢琴三重奏》则是勃拉姆斯抒发欢愉之情的室内乐作品。前者被他称为“小小的歌谣”，后者则在出版时附带一张勃拉姆斯写给出版商的说明：“你从来没有收到过我写的这么美的三重奏，或许你十年以来都没出版过这么好的作品！”这样的话，从一向谨慎的勃拉姆斯口中说出，实属意外。就在 1882 年冷峻与喜乐交织的旋律中，勃拉姆斯起草了他的第三部交响曲。

格鲁克（1714—1787），德国歌剧作曲家，集意大利、法国和德奥音乐风格特点于一身，他的歌剧改革对欧洲国家音乐戏剧的发展产生了显著影响，代表作有歌剧《阿尔且斯特》《伊菲姬尼在奥利德》《奥菲欧与尤丽狄茜》等。

1883年1月，勃拉姆斯结识了一位演唱他《命运三女神之歌》的年轻女孩赫尔米娜·史皮斯，她是史托克豪森的学生。这位26岁的女低音的声音深深吸引了天命之年的作曲家，两人后来维持了柏拉图式的爱恋关系。5月，勃拉姆斯到威斯巴登度假，在赫尔米娜与秀丽风光的陪伴下，完成了《F大调第三交响曲》。

第三交响曲于年底上演，再次由李希特担任指挥。此时德国的乐派斗争已经达到了空前的热潮。这一年2月瓦格纳去世，支持他的安东·布鲁克纳不小心被新德意志乐派的支持者们推上了领袖位置。第三交响曲首演时，此派人充斥于观众之中，发出的嘘声引起了骚动。作曲家胡戈·沃尔夫则在一本杂志上批评道："此作极为疲乏且单调，虚假而荒谬。李斯特作品中任何一记钹声，都比勃拉姆斯三部交响乐加小夜曲，表达了更多的情感和智慧……"面对无知而浅薄的攻击，勃拉姆斯毫不畏缩，他以布鲁克纳作为靶子，大声嘲笑新德意志乐派。朋友汉斯利克更为理解作曲家，他认为该作融合了第一交响曲宏伟巨大的气势和第二交响曲清新净雅的美感，是勃拉姆斯三首交响曲中艺术成就最完美的一部，还宣称这是他最好的作品。克拉拉弹过一次后，在信中表达了她的赞美："整首乐曲弥漫着和谐的气氛！所有乐章一气呵成，节奏统一，如宝石般闪亮……从开始到结尾，森林的神秘魅力一直环绕其中。"尽管乐评界对勃拉姆斯的这部新交响乐毁誉参半，但观众有自己的判断，仅 1884 年 1 月，第三交响曲就在柏林上演三次，在迈宁根演出两次，作曲家还在威斯巴登亲自指挥了一次。

《F 大调第三交响曲》是勃拉姆斯交响曲作品中最短的一部，但这并不妨碍作曲家表达他对人生的深刻感悟，同时展现他对交响曲的高度创新与驾驭能力。这部作品是一首悲壮的颂歌，汉斯利克和首演指挥李希特都认为这是勃拉姆斯的"英雄"交响曲，但与贝多芬音乐中叱咤风云的勇士、波澜壮阔的斗争场面以及胜利的欢呼雀跃不同，该作品表现了与命运抗争的永无止息，以及奋战到底的坚定决心，但没有明确的结局。全曲以 F－^{b}A－F 作为基本动机，而这正是勃拉姆斯的座右铭"自由而快乐"的德语单布鲁克纳（1824—1896），奥地利作曲家、管风琴演奏家、音乐教育家，作品具有宗教的深沉宽广，也有浓厚的“瓦格纳情结”，代表作有《d小调安魂曲》《降E大调第四交响曲》《E大调第七交响曲》《c小调第八交响曲》等。

胡戈·沃尔夫（1860—1903），奥地利作曲家、音乐评论家，是瓦格纳歌剧的拥护者，他开创了现代艺术歌曲的先河，将诗歌在歌曲中的作用提高到空前位置，丰富了艺术歌曲的形式和特点。

词首字母。该动机被作曲家灵活而隐蔽地贯穿于四个乐章中，起主导作用，其形成的音乐冲突，跨越了整个作品的所有主题、和声、节奏以及曲式的进行，听起来像一首延伸的交响诗。不仅如此，勃拉姆斯还在调性安排和节奏变化等方面进行了“前无古人后无来者”的创新，使乐曲充满张力而持续不断地向前发展，并呈现了作曲家音乐语汇的独特魅力。勃拉姆斯通过第三交响曲不仅再次向世人证明在贝多芬之后发展交响曲的巨大潜力，也完美地展示了其学者型的创作风格。

动机，音乐结构中的最小单元，是一首乐曲发展的基础，相当于文学作品中的主语词，由具有特性的音调及至少含有一个重音的节奏型构成。

勃拉姆斯的名气越来越大，但他不为所动，他的另一部交响乐已在酝酿中。勃拉姆斯一直为巴赫作品所着迷，多年前他曾写信给克拉拉谈到巴赫的《恰空舞曲》：“在我看来，那是最美妙也是最难理解的音乐……如果我也能创作出这样的音乐就好了，那种情感的张力和高度的兴奋，一定会令我发狂的。”他还写信给彪罗，提到巴赫的康塔塔：“你觉得拿这个音乐主题作为交响曲乐章的基础怎么样？当然，需要把某些部分改成半音阶……”终于，勃拉姆斯将脑海中的灵感化为了纸上跳跃的音符，他用改编后的恰空舞曲作为他新交响曲终乐章的基本主题，表达了他对巴赫深深的崇敬之意，而这部新作也在作曲家的大胆尝试中更加具有表现力。《e 小调第四交响曲》于 1885 年夏天诞生。不过汉斯利克听完它的双钢琴版本后却说：“你知道么，我觉得好像受到两位非常聪明的人的击打……”就连他最亲近的人都难以理解它，勃拉姆斯开始仔细斟酌这部作品，并与彪罗等人一起排练并试演。还好，10 月 25

日，由作曲家亲自指挥的《e小调第四交响曲》首演得到了迈宁根观众疯狂的掌声，他们要求加演第三乐章。勃拉姆斯信心大增，开始到各地巡演，甚至一度抢占了指挥彪罗的风采。

恰空是西班牙的一种舞曲，17世纪传入欧洲其他国家，并演变为器乐曲，其特点为三拍子、中速，主题一般由一系列的和弦低音构成，并对该主题进行各种变奏。

康塔塔源于17世纪的意大利，在意大利语中称为清唱套曲，原为声乐说唱的乐曲，后演变为一种包括独唱、重唱、合唱的多乐章大型声乐套曲，由管弦乐队伴奏。

《e小调第四交响曲》是勃拉姆斯的最后一部交响曲。这部交响曲与他的其他三部交响曲在性格上迥然不同，作曲家第一次以忧郁作为乐曲的基调，感伤情绪渗透于作品的每一处细节中，并以传统手法写成。该作品饱含勃拉姆斯对人类生死命运及价值的感悟，也仿佛是作曲家一生音乐思考的总结，它具有一种独特的、近乎威严的矜持与孤寂，将伤感与理解融为一体，洋溢着成熟的热情与力量，含有秋风和夕阳一般的意蕴。《e小调第四交响曲》无论是从创作技法、美学思想，还是人生哲理的角度来看，都属于勃拉姆斯成熟时期的代表作品。

第一乐章用奏鸣曲式写成。没有引子作为情绪铺垫，这种开门见山的手法是作曲家匠心独运的体现。小提琴齐奏的第一主题充满了伤感与沉思意味，一连串的三度音好像是对人生的追问与回答，随后的连接部分是大管乐器的浑厚演奏，显示出一股强大的气势，并在乐曲中多次出现。第二主题呈现了抒情性，大提琴、圆号的演奏加上小提琴的拨奏为忧郁的情绪增添了几分明亮温暖的气息，不久音乐走向英雄般气质的高潮，但迅即又回到绵延的忧郁中。展开部里，调性不断变化，音乐十分紧凑，叹息、抚慰、寂寞、憧憬等各种情绪有机地交织在一起。再现部中，乐队的全奏具有很强的力度。结尾持续较长，像是为了摆脱忧郁而做出最后的努力，乐章在悲壮的高潮中结束。

第二乐章依然采用奏鸣曲式，但省略了发展部。第一主题首先由圆号独白，进而由木管在高八度位置加强，古老的弗里吉亚调式奠定了乐曲的怀旧气息，委婉而明澈，宁静而沉着，像是汹涌大海上的一处温暖的港湾。第二主题在小提琴装饰音型的背景上由大提琴奏出，偶有第一乐章的影子，像某种追忆，音乐经过一系列变奏，显得更加诚挚而深沉，表现了作曲家纯朴的心灵活动。随着音乐的展开，情绪明显激越，但在乐曲尾声又回到沉稳之中，具有含蓄而宽广的力量。

第三乐章是愉悦的快板，奏鸣曲式，其具有谐谑曲的风格，却不同于贝多芬式谐谑曲，既没有采用三拍子，也没有过于激烈的性格。第一主题由乐器全奏，具有爆发力，又充满欢愉，其变奏趋向热情，展现了众人舞动的狂欢场面，典雅而悠扬的第二主题由小提琴呈现，短笛与三角铁不时闪烁其间，使得音乐多了几分明朗的华丽感。发展部始终洋溢着喜悦与轻快的感觉。尾声将第一主题层层推进，直到强有力的声响结束乐章。

第四乐章是一首宏伟的变奏曲，其主题取自巴赫的《恰空舞曲》，在“固定低音”的基础上展开 32 个变奏，成为全曲的高潮。出神入化、过渡自然的变奏组成了乐曲的三大部分：从悲剧性的基本陈述，到压抑迷惘、痛苦消沉的情绪波动，最后呈现出排山倒海的斗争场面；音乐从悲怆绝望，经过激越愤怒，将悲剧性激情推向极致，最终走向明亮辉煌。一系列变奏正如人生数十载的百转千回，以不同的面貌出现却有共同的内在情怀，构筑了充满探索精神的生命境界。作曲家以宏伟的形式展示了他对音乐的独特理解，体现了其音乐艺术的巨大感染力。

变奏曲是以一个相对独立的主题变奏出不同乐段的器乐曲，一般用于交响乐、奏鸣曲等大型器乐作品中。

当然，勃拉姆斯毫无例外地再次听到新德意志乐派的反对声音，但他一点儿也不在乎。勃拉姆斯来到瑞士小城图恩，租了一幢棕色的房子。这又是一个令作曲家喜爱的居所，不远处即是群山和森林，勃拉姆斯依然坚持他黎明散步的习惯。这位音乐家走起路来带有一副散漫的样子，而且给人一种邪恶而奇特的感觉，碰到他的人们总带着难以理解的表情凝视他，不过这让喜欢霍夫曼恐怖小说的作曲家感到十分开心。每天上午是勃拉姆斯致力于工作的时间，他会关上绿色的百叶窗以避免打扰，然后现磨一杯咖啡，在浓香的味道中，开始思考、创作。他时而沉思，在各个房间或者花园里踱步，时而提笔在五线谱上刷刷地写着。不过，德意志帝国的动向让勃拉姆斯并不能一直保持平静的心绪。他留意报纸新闻，关心各种政治事件背后的真相，后来他还因自己的爱国热忱得到一项荣誉——普鲁士骑士团颁给他的“杰出成就勋章”。但总的来说，这是一个愉快而多产的夏季，勃拉姆斯创作了《F 大调第二大

小说家霍夫曼

勃拉姆斯在图恩度假租住的棕色小屋

提琴奏鸣曲》《A 大调第二小提琴奏鸣曲》以及《c 小调第三钢琴三重奏》，这些室内乐作品延续了第四交响曲曾描绘的柔美风光，带有作曲家新近形成的洗练风格。

音乐之外的音乐家

人是矛盾的结合体，这一点在勃拉姆斯身上表现得十分鲜明。这位作曲家拥有灼热火焰一般的浪漫与热情，却要用理性冷静的古典主义音乐来诠释内心。他期待世人对他的肯定，却厌恶恭维与追捧。他在朋友眼里极为自负，也极为谦虚，两者含有同样的分量。他在音乐创作上严谨细致、一丝不苟，却在生活中不拘小节，甚至有些恣意妄为。

随着年龄渐长，勃拉姆斯的外表从朴素整洁变为了邋里邋遢，天性中的幽默逐渐演化成尖酸刻薄的讽刺，这让世人感到惊讶——人们以为那位大名鼎鼎的音乐家应该是衣着光鲜、温文尔雅的绅士，不料近距离接触才发觉这是一个不修边幅且言行粗鲁的家伙。

平日里，勃拉姆斯喜欢穿粗布衣服，他的羊驼毛外套肘部和裤子后裆还打着补丁，偶尔懒得缝补时就用火漆将裂缝粘住，唯一让他烦恼的是火漆黏性不够持久。即便在最正式的场合，他也很少打领结，仅有的礼服是一件没有翻边袖口的法兰绒衫。勃拉姆斯的裤子吊在鞋子上面，裤脚皱巴巴的。朋友们请裁缝为他量身订制了一条长短合适的裤子，却被他剪短了一截，因为他觉得裤腿吊着很舒服。勃拉姆斯外出总是披着那块灰褐色的大格子披巾，在颈口处用一个大大的别针别住，头上戴的帽子看起来像蒙了一层灰，还起了球。勃拉姆斯走在维也纳大街上，那一身杂乱的搭配加上他奇特的步伐，常让小孩子以为碰到了怪物，他们蹑手蹑脚地跟在他后面，当音乐家听到了声响转过脑袋时，孩子们急忙跑掉，勃拉姆斯则扬起眉毛，露出一脸坏笑。

如果说勃拉姆斯的外表给人一种遗憾且不可思议的感觉的话，那么他的言行举止就太让人尴尬了。有一次，在一场为维也纳上流社会举办的晚会上，勃拉姆斯被一大群花枝招展、卖弄风情的贵族小姐簇拥着，话题不知怎的转到了袜子上，他不耐烦地说："你们不知道我的袜子有多漂亮呢！看……"说罢就扯起裤脚，在众目睽睽之下亮出他光亮的脚踝——原来他的袜子破了个大洞。小姐们花容失色，连忙掏出手绢捂住鼻子。又有一次，勃拉姆斯告诉某个餐馆的女老板："如果在这里有谁没受到过我无礼的对待，那么请您代我向他致歉，请他原谅我的疏忽！"那家餐馆是他和朋友们常去聚会的地方，不知勃拉姆斯挖苦贬损了多少人。

身为单身汉联盟的永久会员，勃拉姆斯最需要的是朋友，他的内向保守并不影响他发展能维持一生的友情，他也喜欢交友，但遗憾的是，随着年龄增长而不断加剧的大意、粗鲁与暴躁的习气常常伤害老朋友的感情，即便是约阿希姆、克拉拉等挚友也不例外。

早在1863年5月约阿希姆新婚时，勃拉姆斯就在贺信中写道："你真走运！除了用这样的感叹语，我还能说什么好呢？……这是一封令人感动的信，没有人会比我更庆幸你拥有这样的运气！因为我一直有疑问，我是否应该拒绝其他梦想，放弃一切而回家成亲，还是应该享受眼前所赐而无视婚姻的幸福？现在，你却打断了我的思考，如此大胆地采撷天堂里的美味苹果……"勃拉姆斯文字中透出了尖酸的味道。对勃拉姆斯而言，“自由却孤独”的约阿希姆走进了婚姻的殿堂，是一种精神上的冲击。

尽管勃拉姆斯始终困惑于如何在婚姻与作曲家身份之间进行取舍或平衡，但他以为挚友会和他统一战线，不料约阿希姆先行一步，这下单身汉联盟少了一人，勃拉姆斯怎么能不感到郁闷呢？不过，这丝毫没有影响两人的友情。后来，他和约阿希姆两度合作巡演，演出过程愉快而顺利，勃拉姆斯还专为约阿希姆写了一部《D 大调小提琴协奏曲》。

然而，1880 年的一场风波差点让两位艺术家分道扬镳。当时，约阿希姆与夫人阿玛丽闹矛盾，他公开指责她与勃拉姆斯的出版商有染，勃拉姆斯早就看出朋友对他太太怀有强烈的嫉妒心，认为这一指责十分荒谬，他决定为阿玛丽辩护。一开始，勃拉姆斯企图说服约阿希姆其怀疑没有任何证据，后来才发觉自己的调解没起到任何作用，于是给阿玛丽写了一封信，表明了自己的立场：“我一直对你满怀同情，现在我完全站在你这一边，多么希望能为你们做些事情……即使我与约阿希姆有长达三十年的友情，我也很少和他长久或密切地相处在一起，因为我比你更早地了解，约阿希姆是以怎样的一种怪异方式折磨自己和他人的……我相信是他严重误会了你，但愿他能尽快放弃那错误而可怕的幻觉。”在约阿希姆与妻子的离婚诉讼上，阿玛丽拿出这封信作为她人品端正的证据，并赢得了对她有利的判决结果。不料约阿希姆认为自己被最要好的朋友给出卖了，断绝了和勃拉姆斯的一切关系。这件事主要责任在于约阿希姆，或许勃拉姆斯爽直得过分了，他没有考虑朋友的感受。所幸的是，二人在音乐上仍然是相互理解并认可的，约阿希姆发现他无法割舍勃拉姆斯的作品，每当勃拉姆斯有了新作，他必定会加以推广，甚至参加演出；而勃拉姆斯也多次表明自己期待与约阿希姆和好的姿态。两人在朋友们的撮合下，终于言归于好，但已不复当年的亲密关系。

勃拉姆斯和克拉拉还因为出版舒曼作品全集而发生了一次争执，不过两人一生中真正意义上的不和也仅此一回。

1888 年，克拉拉想整理并出版《舒曼全集》，勃拉姆斯便自告奋勇承担起这项繁重的任务。在编辑过程中，两人对舒曼第四交响曲的版本问题各执一词，便分头寻找当年的指挥家印证观点，结果还是僵持不下，勃拉姆斯认为应选用早期版本，而克拉拉则认定了修订版。

勃拉姆斯对音乐的认真劲头让他不想放过查证细节的

机会，这使得出版工作一拖再拖，克拉拉则担心自己生前能否看到全集出版，她写信责备勃拉姆斯消极怠工。

在版本争执过程中，出版事宜被搁置，直到两年后，克拉拉得知有一个瓦格纳的支持者——德累斯顿的指挥家弗朗茨·威尔纳将要出版包括第四交响曲早期版本在内的部分舒曼作品的时候，她十分不悦，写信告诉勃拉姆斯她要中止出版，因为她不能接受第四交响曲早期版本的出版，更不能容忍一个瓦格纳主义者插手此事。

勃拉姆斯其实想给克拉拉一个惊喜，他原本打算同时出版舒曼两个版本的第四交响曲，但在收到她的信之后他异常恼怒，在舒曼作品版本的看法上，威尔纳和自己的观点是一致的，并且之前经过克拉拉的允许，来协助自己进行整理工作，且未取分文。

勃拉姆斯认为克拉拉在意气用事，便写了一封指责她的信件："您从不认为我和威尔纳是两个正直的音乐家，从不认为我们是出于关心才投身于这项神圣的工作，恰恰相反，您认定我们的所作所为是大不敬的表现……您的来信对我是莫大的侮辱和伤害！"可是勃拉姆斯在将信寄出之后就后悔了。

在过了一个惶恐不安的冬天后，勃拉姆斯寄给克拉拉

1891 年的约阿希姆

1889 年勃拉姆斯与彪罗的合影

一些新作，直到次年春天才收到她送给他的生日贺卡。出版风波直到1891年才渐渐隐去，克拉拉在寄给勃拉姆斯的信中说："和你交往是困难的，然而我对你的友谊，总要包容你那些奇怪的言行……"勃拉姆斯则在回信中写满了情真意切的文字："我在和朋友相处时经常犯一个致命的错误——过于鲁莽。我知道您已忍耐许久，难道您不愿继续再忍耐一会儿吗？……对您和您丈夫的真情是我一生中最宝贵的财富，其意义非凡。也许我的过错会使您离我远去，这是我应得的惩罚。但无论如何，对您和他的尊敬与爱戴之情将永葆在我的心中！"克拉拉心软了，两位老友重修旧好，之后再也没有争吵过。

勃拉姆斯因过于兴奋和粗心而抢占第四交响曲指挥一事，曾让彪罗以为他对自己的指挥能力不再有信心，便辞去了迈宁根的职务，两人的友谊也受到影响。后来勃拉姆斯表明了和解的态度，两人才又走到了一起。

其实，勃拉姆斯本性善良且慷慨大方，就像他的母亲克里斯蒂娜一样。1877年10月，勃拉姆斯以顾问的身份担任奥地利教育部委员，主要负责奖学金的审批。次年3月，他收到来自捷克的德沃夏克的作品，这位36岁的作曲家在家乡之外还没有什么名气。勃拉姆斯对他的作品十分欣赏："这个家伙涌现出如此自然的音乐灵感，简直让我羡慕得发狂！"勃拉姆斯立即批给他一笔奖学金，还给予了匿名的经济援助，并将他介绍给自己的出版商西姆罗克认识。西姆罗克请德沃夏克按照勃拉姆斯《匈牙利舞曲》的模式写一组舞曲，德沃夏克在两个月内写成八首钢琴二重奏版本的舞曲，并同时创作了管弦乐版本。这组舞曲充满了纯朴、热烈而欢快的民族风格，令人耳目一新，在出版后很快受到人们的欢迎，在英国和德国获得的成功甚至超过了捷克，德沃夏克开始成为享有国际声誉的作曲家。

就这样，勃拉姆斯将舒曼的精神传承了下去，而他与德沃夏克的友谊也一直延续到他过世。实际上，德沃夏克仅仅是众多获得勃拉姆斯栽培的青年作曲家之一。在 1922 年维也纳杂志上刊登的回忆勃拉姆斯的文章里，策姆林斯基谈到了他与勃拉姆斯的交往："与勃拉姆斯交谈并非易事，他的问答都非常简短、生硬，表面看来非常冷淡，且常常伴有讽刺的言词……对我的五重奏，他温和地提出修改意见，还仔细地研究每一个细节。他从未真正地表扬过，但有时会比较激动，甚至充满热情……他无情的批评让我十分沮丧，但又马上使我振奋起来。他还询问了我的经济状况，并决定每月给我提供补助，以便让我减少工作时间，专心致力于创作，最后把我推荐给西姆罗克……”

德沃夏克（1841—1904），捷克作曲家、民族乐派的主要代表人物，代表作有《第九交响曲》《b小调大提琴协奏曲》《狂欢节》，以及歌剧《水仙女》等。

策姆林斯基（1871—1942），奥地利作曲家、指挥家、音乐教育家，代表作《抒情交响曲》等，曾向自学成才的现代音乐杰出代表人物勋伯格教授对位法。

不仅如此，勃拉姆斯对于音乐界中的敌对者也抱以较为宽容的态度。1860年的宣言事件并没放过勃拉姆斯，其与时代格格不入的创作态度以及乐评家汉斯利克的热捧，都加重了新德意志乐派与他的对立，与世无争的他还不幸成为了反对该乐派的音乐家们的精神领袖。

新德意志乐派的代表人物瓦格纳从来不认同勃拉姆斯的创作能力及其在交响音乐领域取得的成就，仅仅将他归为“作曲者”，而且他对勃拉姆斯的批评有时还超出了纯粹的音乐范畴，因为他看不惯社会对于勃拉姆斯作品的支持。

在1879年发表的文章中，瓦格纳写道：“我认识一位著名的作曲家，你可以在化装舞会上见到他——今天他伪装成民谣歌唱家，明天戴上亨德尔的哈里路亚假发，下一回他又成了犹太人的恰尔达舞曲演奏家，再后来又变为完

德沃夏克

策姆林斯基

成了 No. 10 的天才交响作曲家……”

1882 年瓦格纳又在一封公开信中说：“正如真理已经消失，救世主的十字架像商品似的在街头巷尾兜售，德意志音乐的天才们也变得鸦雀无声，因为他们被职业贩子拖着满世界转，伪装成专家的那些贫乏的白痴还在庆祝音乐的发展……我们的子孙可能会保留九首勃拉姆斯的交响曲，而只会保留两首贝多芬的。”

面对瓦格纳的恶毒评论，勃拉姆斯除了在朋友的信中发泄一下不满并拒绝参加新德意志乐派的音乐节以外，并没有公开反驳这位浪漫主义潮流的引领者。他曾经在 1877 年对朋友说：“那些对瓦格纳失去判断力的人根本不懂他，其实瓦格纳是这个世界上最清醒的头脑之一。”

1883 年 2 月，瓦格纳去世，得知消息的勃拉姆斯告诉正在排练的乐团成员：“如今大师陨落了，我们今天不要排练了。”看得出，对于自己所认可的音乐家，勃拉姆斯是怀有尊重之心的。

遗憾的是，瓦格纳的辞世也没能结束由不同音乐见解招致的派系之争，勃拉姆斯一如既往地受到瓦格纳追随者的攻击。直到勃拉姆斯生命的最后几年，人们才逐渐意识到，以勃拉姆斯与瓦格纳为代表的乐派之争实质上是器乐音乐与戏剧音乐之争，而两者是不能代替彼此的。纷争渐渐平息，年轻一代的音乐家也在这两位德国作曲界翘楚的直接影响下开始走向成熟。

第7章 世界，我必须离开你

晚年生活掠影

晚年的勃拉姆斯，头发已接近全白，不过身体似乎还很结实，而且他的脸上总是带有一种阳光般的表情。勃拉姆斯的作曲家身份早已稳固，作品得到了大多数世人的肯定，可谓功成名就。

然而维也纳卡尔斯街4号的家居环境并没有因为主人的地位而有什么大的变化。卧室只有床和盥洗台，在只容一人躺卧的位置之外堆放着书籍和纸张，供他信手拈来。音乐室的家具摆设简单而陈旧：靠窗的是一架钢琴，墙上右手边是一座贝多芬的半身雕塑，下面是一张被桂冠环绕的俾斯麦照片，中间是拉斐尔所绘的《西斯廷圣母》的雕刻画，左边则是凯鲁比尼的肖像。勃拉姆斯一般在音乐室里吃早餐，煮咖啡，也会见客人，左边那张老式摇椅是专门为客人准备的——他从来不坐，却热情地邀请客人试坐，不明真相者一坐下就两脚朝天向后翻去——这又是勃拉姆斯式的玩笑。书房里，高大的书架上满是勃拉姆斯的作品手稿和书籍，以及他搜集的包括贝多芬、莫扎特、海顿、舒伯特、舒曼等作曲家在内的少量珍贵手稿与抄本，冬天时勃拉姆斯就在站式桌子前创作和阅读。

勃拉姆斯整个屋子看起来比较杂乱，幸而有某位作家的遗孀楚克莎太太和她的两个儿子入住，帮助单身汉料理家务。1888 年的圣诞节，勃拉姆斯第一次在书房里放上楚克莎太太准备的圣诞树，还把送给她孩子的礼物藏在树底下。一向喜欢家庭氛围的单身汉，在这样一家人的陪伴下，感到不是那么孤单了。

拉斐尔（1483—1520），意大利画家、建筑师，与达·芬奇、米开朗基罗并称“文艺复兴三杰”。他创作的大量圣母像，都以母性的温情和青春健美体现了人文主义思想。其中大型油画《西斯廷圣母》是拉斐尔最成功的一幅圣母像。

凯鲁比尼（1760—1842），意大利作曲家，以创作歌剧和基督宗教圣乐著名，贝多芬认为凯鲁比尼是自己同辈当中最伟大的作曲家。

勃拉姆斯的音乐室

勃拉姆斯在音乐室里

勃拉姆斯的书房

勃拉姆斯在书房里

勃拉姆斯的作品也渐渐转向那些让他更有亲密感的室内乐、钢琴小品与歌曲等领域。在作曲之外，生活依旧精彩。他听音乐会，看歌剧，偶尔在游乐区散散心，和问候他的人们懒懒地打声招呼。他常常和朋友们一起，品尝美味佳肴和专供他喝的匈牙利红酒。

虽然勃拉姆斯的身体日渐衰老，但他那颗流浪者的心还蓬勃地跳着。勃拉姆斯喜欢走访维也纳之外的音乐中心，偶尔拿起指挥棒，或者坐在钢琴旁，演奏自己的作品。伊舍尔已经成为勃拉姆斯晚年的夏日家园，那里离很多老朋友的居住地都很近。小约翰·施特劳斯的家聚舞会常有他的身影，有一次，他将《蓝色的多瑙河》里的一段旋律写在施特劳斯女儿的扇子上，并在下方感叹："很不幸，这不是约翰内斯·勃拉姆斯的作品。"

自从 1878 年第一次意大利之旅给他带来无限喜悦后，勃拉姆斯十分钟爱这个地方，晚年的他多次与比尔罗特、魏德曼等挚友到意大利旅行。在从维也纳到意大利的火车上，勃拉姆斯很快就掌握了列车指南的使用方法。他毫无倦意地游览了罗马所有的风景名胜，并终于被朋友说服，在前往西西里的途中，战胜了海上航行的恐惧，在轮船上感受到夜间的海风，还看到了美妙的日出。勃拉姆斯在小

木炭画：钢琴前的勃拉姆斯

铅笔画：指挥中的勃拉姆斯

度假中的勃拉姆斯与朋友

勃拉姆斯与小约翰·施特劳斯在伊舍尔

提琴的故乡克雷蒙纳看到了约阿希姆的雕像，还欣喜地发现自己出版的作品就摆放在帕多瓦的书店橱窗里。他怡然自得地用满口袋的糖果与当地的儿童们成了朋友，被卖纪念品的小贩误认为是德国著名考古学家，却又不得不窘迫地接受某些崇拜者的狂热追捧。他在一边唱歌一边流着虔诚眼泪的朝圣者跪走队伍旁驻足，礼貌地屈膝，并以独特的方式向已经故去的罗西尼等人致敬。勃拉姆斯在意大利之旅中的体力一次不如一次，不过他乐在其中。

罗西尼（1792—1868），意大利歌剧作曲家，一生作有30多部歌剧，其中《塞维利亚的理发师》是19世纪意大利喜剧的代表作，根据德国席勒同名诗剧创作的《威廉·退尔》是浪漫派歌剧名作。

1889年，勃拉姆斯获得两个新荣誉：奥地利颁发的“利奥波德勋章”，以及汉堡市“荣誉市民”称号。但后者显然对他更加重要，一直认定他为贫民窟穷小子的家乡，终于在最后关头接受了他。不过，这要感谢他的朋友彪罗，彪罗在担任汉堡指挥时，说服市长力排众议，将荣誉授予了勃拉姆斯。勃拉姆斯感到特别骄傲，因为他是这项荣誉的第十三位获得者，他所崇拜的政治领袖俾斯麦也获得过，他还就此事谱写了合唱作品《节庆与纪念》。一如往常，勃拉姆斯一首高昂的曲子一定伴随着另一首忧郁的作品，写就《节庆与纪念》后，他那喷涌的灵感让他随即创作了《三首经文歌》，不同于前者融爱国主义于其中的澎湃风格，后者是具有神圣感的凄楚而坚实的歌曲。《节庆与纪念》在这一年的9月份于汉堡工商展览会演出，勃拉姆斯亲任指挥，受到家乡人的喜爱和欢迎。勃拉姆斯将这首新作献给了汉堡市长，还受邀住在市长城外的家中，和他的家人相处得很融洽。勃拉姆斯与汉堡终于和解了。

然而颇具讽刺意味的是，五年后，汉堡交响乐团邀请他担任指挥，这是勃拉姆斯三十多年前曾努力争取的，而现在，这份工作对他毫无意义，他年迈的身体也不容许他接受这一职位。勃拉姆斯写了一封拒绝信，信中说："……在我终于与自己妥协，尝试走其他的路以后，许多时光就这样蹉跎而逝……"但他更多地表达了对年轻指挥家的期许："希望你们能尽快找到这样一位年轻人，和我有同样的善意、足够的能力与全心的热诚，为你们的福祉而努力！"

晚年的勃拉姆斯还与当时的名人有直接或间接的联系。曾经追捧瓦格纳的尼采，因在偶像面前为勃拉姆斯辩护了几句而遭到排斥，他转而对勃拉姆斯抛出橄榄枝，但勃拉姆斯对其无意的冷落却招致了尼采在《瓦格纳事件》一书中对他的批判，这让勃拉姆斯十分无奈。1888 年新年，他在一位朋友家中认识了柴可夫斯基和格里格，勃拉姆斯与柴可夫斯基互相看不顺眼，倒与格里格相处得很好。

尼采（1844—1900），德国著名哲学家，西方现代哲学的开创者，卓越的诗人和散文家。

柴可夫斯基（1840—1893），俄罗斯浪漫主义作曲家、音乐教育家，在音乐各领域都有突出成就，代表作有《第六（悲怆）交响曲》《一八一二年序曲》，歌剧《叶甫盖尼·奥涅金》《黑桃皇后》，以及芭蕾舞剧《天鹅湖》《胡桃夹子》《睡美人》等。

格里格（1843—1907），被视为挪威作曲家第一人，是 19 世纪下半叶挪威民族乐派代表人物，代表作有管弦乐《培尔·金特》（为易卜生同名话剧所写配乐）、钢琴作品《钢琴抒情曲集》等。

Wir, der Senat der freien und Hansestadt Hamburg
urkunden hierdurch, daß Wir im Einvernehmen mit der Bürgerschaft dem im In- und Aus-
lande in Folge seines hervorragenden schöpferischen Genies und edlen Wirkens hochgefeierten
Tonkünstler und Componisten,
Herrn JOHANNES BRAHMS,
dem werthen Sohne unserer Stadt, in welcher von Alters her die Tonkunst mit Vorliebe gepfleg
wird, und auch Er für seine künstlerische Laufbahn Anregung und erste Ausbildung empfangen
hat, - in voller Würdigung seines Künstlerruhms, sowie in Anerkennung seiner der Heimat
vielfach bewiesenen Anhänglichkeit, - die höchste Auszeichnung unseres Gemeinwesens:
das Ehrenbürgerrecht
der freien und Hansestadt Hamburg
verliehen haben.

Hamburg, den 14. Juni
1889.

Der Senat
der freien und Hansestadt Hamburg.
Der Präsident des Senats.
Secretair des Senats.

汉堡市“荣誉市民”证书

汉堡的音乐厅

尼采

柴可夫斯基

1889 年 12 月的一天晚上，勃拉姆斯怀着兴奋的心情到朋友费林格的家里做客，因为他即将要和留声机亲密接触了。原来，托马斯 · 爱迪生的欧洲经纪人来到了费林格家中，为当晚前来的维也纳知名人士录制声音。勃拉姆斯之前经常听到从留声机里出来的声音，感觉十分有趣，他觉得那流转在空气中的声音好像营造了一个童话世界，但他自己从未有机会对着留声机说话。现在，当面对它的时候，勃拉姆斯一点都不紧张："爱迪生博士您好！我是勃拉姆斯，约翰内斯 · 勃拉姆斯。"接着，他还用糟糕的英语恭维爱迪生和他的伟大发明。他的声音在留声机里嘎吱作响。最后，勃拉姆斯用了一分钟的时间弹奏了《匈牙利舞曲》中的一小段。这是勃拉姆斯仅存的录音，却是从遥远的过去直接到达我们的耳朵里，仿佛在历史长河另一边的大师就在我们身旁，对着我们演奏一样。这位伟大的作曲家不一定能想到，有一天，留声机及其衍生品将使得他的音乐无需巡演而很快流传到世界的任何一个地方。

或许与写作歌曲有关，勃拉姆斯总是难以抗拒女歌手的甜美嗓音——那些演唱他的作品、将他的人生思绪完美演绎的女歌手，往往更能引起他的共鸣。1892 年 4 月，勃拉姆斯的内心经历了最后一次情感波动。他听到 30 岁的

费林格夫妇

1896 年费林格夫妇庆祝银婚，勃拉姆斯专程从伊舍尔赶到维也纳看望朋友

爱丽丝·芭比

格里格

女低音爱丽丝·芭比的歌声，不禁叹道："我真不知道自己写的歌曲竟然如此动听！要是年轻的时候多写些爱情歌曲就好了。"他与爱丽丝的友谊日渐深厚，两人常在公开场合一起出现，爱丽丝演唱他写的作品，而他像她的伴侣一样静心聆听。当然，59 岁的勃拉姆斯早就习惯了这样的友情，它是他一个单身汉不可缺少的陪伴。爱丽丝嫁人后，他也和夫妇俩保持了很好的交往。

1890 年夏天，在伊舍尔完成了新鲜而富有活力的《G 大调第二弦乐五重奏》后，勃拉姆斯决定不再承受任何声名之累，他有意退隐。不过，他依然创作，但作品更有亲和力，更有自由之感，有人评论说它们是作曲家更加真实的写照。

但是，对勃拉姆斯而言，归于平静的退休生活并不容易。在最后的几年里，尽管勃拉姆斯没有写出多少作品，但他的盛名并不能让他完全闲下来，他要出席国内外各地专门为他举办的音乐节。演出总是成功的，而作曲家也乐于接受人们如雷般的掌声和热情的致意。但是，与音乐不太相关的事情，对他来说就是一种纷扰。演奏会后的招待会上，他总是尽量小心地回避那些喧闹的宾客们，到亲密的朋友堆里寻找暂时的平静。除此之外，每到他的生日，必定有官方为他精心安排烦琐的庆祝活动，维也纳音乐之

散步途中的勃拉姆斯

勃拉姆斯，摄于 1889 年

友协会还在1893年打造了限量版铜质徽章，上面是勃拉姆斯的肖像，让他受宠若惊。勃拉姆斯常常在生日前消失——逃到外地的朋友家里或者到国外旅行，而在回来后不得不阅读堆积如山的贺信和电报，这是让他从来都感到不耐烦和无奈的事。

我已孤独

音乐对于晚年的勃拉姆斯不再是事业，而是集中表达和宣泄情感的方式。《a小调单簧管三重奏》忧郁而哀伤，却不乏温暖的感觉。曲中，圆润柔和、幽深浓郁的单簧管，像一个抒情的女高音，和悠扬的大提琴声对话，与清脆的钢琴声呼应，时而高亢，时而低回，旋律轻盈优美，却又带着小调的黯然。这是一首感伤的作品，但勃拉姆斯一如既往地将情感升华，乐曲带着一种圣洁的美。这首三重奏与《b小调单簧管五重奏》《f小调单簧管奏鸣曲》及《降

铅笔画：米尔菲尔德

《b 小调单簧管五重奏》第一乐章手稿

E 大调单簧管奏鸣曲》是勃拉姆斯为德国单簧管名家理查德·米尔菲尔德创作的曲目，同时也是作曲家仅有的四部单簧管重奏作品，是勃拉姆斯晚期室内乐领域的重要代表作，旋律精美细腻却不事雕琢，伤逝的感怀萦绕其间，给人以秋天般的寂寞。

暮年的勃拉姆斯越发感到孤单了。勃拉姆斯一生中曾遇见过很多让他心动的女人，但没能向婚姻的门槛迈开一步。他没有妻子，没有家庭，却十分向往中产阶级家庭的温馨生活。值得一提的是，音乐史上两首脍炙人口的《摇篮曲》，均出自两位单身汉的手笔——一个是舒伯特，另一个便是勃拉姆斯。或许他出版的百余部作品就是他的孩子，那是他的慰藉之一。而另一大慰藉，则是他广阔的朋友圈子，其中不乏知己，虽然他乖戾的性情与刻薄的言语偶尔会惹怒朋友们，但他总能与他们很快言归于好。然而，随着亲友的离世，孑然一身的他逐渐尝到了荒凉的滋味。黄昏时，他常坐在简陋的书房中，望着窗外，等待夜幕的降临。由远而近的马蹄声“嘚嘚”响来，击打着他的心脏，发出寂寞的回声。

1892 年，44 岁的伊丽莎心脏病发作于意大利逝世，勃拉姆斯很悲伤，他一遍又一遍地阅读她二十五年来信里那些温暖坦诚又充满着智慧的文字，还将她的照片放在书桌上缅怀曾经的过往，直到去世。姐姐伊丽莎在他的陪伴下，走过最后的时光，于这一年6月11日去世。1894年2月，勃拉姆斯在六天内痛失两位挚友：比尔罗特和彪罗。夏天，女低音赫尔米娜·史皮斯，以及曾经编订巴赫作品的一位好友相继辞世。这些朋友的离去，使得勃拉姆斯看起来比实际年龄更加苍老。

他陆续创作了《七首幻想曲》《三首间奏曲》等，表达他对生命短暂而易逝的感触，对失去亲人朋友的痛苦与失落，但在哀伤过后，总有某种安详而神圣的存在，给人以深切的抚慰。他还写了较为精炼的《六首小品》和《四首小品》，表达他在荒寂苦闷的禁欲主义与奔放不羁的情感之间的困顿。勃拉姆斯将自己的作品寄给克拉拉，希望她能弹奏，但已逾古稀之年的克拉拉常为手臂的神经痛所扰，尽管她视那些作品为珍珠，却已经不能十分流畅地演奏了。

1895年9月，以“音乐史上的‘三B’”为主题的音乐节在迈宁根举行。巴赫的《马太受难曲》、贝多芬的《庄严弥撒曲》与勃拉姆斯的《c小调第一交响曲》隆重上演，勃拉姆斯非常高兴。然而，在返回维也纳途中，他又拜访了住在法兰克福的克拉拉，看到她那虚弱的身体状况，感

读书中的勃拉姆斯，摄于1894年

到十分忧伤。次年 3 月底，勃拉姆斯得知克拉拉中风的消息，连忙写信给她的大女儿玛丽亚：“如果你知道最坏的情形就要来临的话，一定要告诉我，这样我才能及时地赶过去，看到她那张开的眼睛……她双眼合上时，正是我生命结束之时。”

1896 年 5 月，勃拉姆斯写下《四首严肃的歌》。这是他继《玛格洛纳浪漫曲集》之后创作的第二部也是最后一部声乐套曲。该作品绝非营造孤独的诗意、忧郁的光泽或怀旧的甜美，而是作曲家在经历了一次又一次精神痛苦后写下的对人类生死命运的思考，具有独特的构思、庄重内敛的音乐风格和深刻的精神内涵。与《德意志安魂曲》一样，《四首严肃的歌》的歌词取自路德版《圣经》的经文，从生存的真实境况出发，昭示出隐藏的生命本质，从对死亡的深刻反思中，向生存意义与价值发出终极追问，最后升华到对爱的肯定——“如今常存的有信、有望、有爱这三样，其中最大的是爱”——只有爱才能给有限的生命以无限的意义和永恒的自由，只有爱才能给现实中的人生带来真正的温暖。歌曲的旋律像是从作曲家的心底涌出直达听者的内心，简洁质朴、自然流畅，忧郁而低沉的音调带有一种庄严而不可抗拒的力量，使人对爱加以理解而不是沉溺其中。钢琴伴奏变化不一，与歌声融为一体、相得益彰。

《四首严肃的歌》是勃拉姆斯晚年艺术歌曲的顶峰。艺术歌曲似一条涓涓的河流，贯穿了勃拉姆斯大山般的一生。勃拉姆斯艺术歌曲的风格，也从早期的明快单纯、中期的恢宏气势，归于恬淡自持的抒情，多年丰富而深沉的个人情愫，逐渐升华为客观的智性精神，融有朴实的宗教虔诚。

1896年5月20日，克拉拉再度中风，在法兰克福与世长辞，享年75岁。噩耗在两天后才到达伊舍尔，勃拉姆斯极度悲痛，带上《四首严肃的歌》原稿就匆忙地上路了。他想赶去参加葬礼，却在恍惚间登错了火车，当他发现自己方向坐反后，连忙改成去法兰克福的火车，可惜当他赶到那里时，克拉拉的葬礼已经结束了。他在报纸上得知克拉拉将在波恩和舒曼合葬在一起，又立即辗转到波恩。折腾了两天两夜后，勃拉姆斯终于来到克拉拉的墓前。他颤颤巍巍地走近，就在遗体将要安葬的时刻，撒下了最后一抔黄土。

之前无论打击有多大，勃拉姆斯总能从音乐中得到解脱。而现在，他的知音，他一生挚爱的克拉拉已经永远地

《四首严肃的歌》第四首手稿

德国马克上的克拉拉

离开了这个世界，他遭受到前所未有的打击，根本无法从悲痛中恢复过来。葬礼结束后，他游荡在莱茵河畔，拜访了老友，让回忆填充心里的空洞。回到伊舍尔之前，他就生病了，皮肤青黄，精神消沉。他曾问："当一个人如此孤单的时候，生命还有什么意义？"但这时的他并没有忘记写信告诉克拉拉的后人："没有什么事能让我感到更愉快的了，除了在任何方面为你们提供帮助。"当玛丽亚要寄给他一些母亲的纪念品时，他表示一点点东西就已足够，它们将是他最美丽的拥有。

怀着身体的病痛和心理的巨大创伤，勃拉姆斯谱写了最后一部作品《十一首众赞歌前奏曲》，它是作曲家在自身生命即将终结时对死亡所进行的更为真诚和深刻的最后的思考。其中有两首（第三首与第十一首根据同样的众赞歌谱写而成，但在处理方法和情绪上完全不同）的标题为《噢，世界，我必须离开你》，歌曲仿佛是勃拉姆斯以音乐写成的遗言，歌词大意是这样的：

噢，世界啊，我必须离开你

我将要走我的路进入那永恒的国

我将要交出我的灵魂、我的身体和我的生命

将它们托付给主那仁慈的双手

与《四首严肃的歌》相比，此作更散发出超凡脱俗的气质，因为此时的勃拉姆斯已具有了向死而生的心态。

大师陨落

勃拉姆斯的身体一直不见好转，医生诊断为黄疸病，并建议他到卡尔斯巴德接受盐食治疗。然而卡尔斯巴德之旅并没有让他康复，不久，他在维也纳被确诊为肝癌。

勃拉姆斯知道自己的时间不多了，他日益消瘦、憔悴，但他仍然参加音乐会，看《四首严肃的歌》的演出，听约阿希姆演奏他的《G 大调第二弦乐五重奏》和观众的热烈掌声，还见到了来维也纳演出新作的德沃夏克。1897 年 3 月 7 日，勃拉姆斯的《e 小调第四交响曲》在维也纳音乐之友协会演出，作曲家就坐在包厢里。当乐声渐渐隐没并响起热烈掌声时，他站起身，满眼泪水地俯视全场，他明白这场盛大的音乐会是协会全体成员向他表达的最后一次问候。六天后，他拖着沉重的身躯在公开场合露面，欣赏老朋友小约翰·施特劳斯的轻歌剧，但由于身体太过虚弱而只得提前退场。

3 月 26 日，勃拉姆斯躺在床上后就没有起来，楚克莎太太照顾着他。4 月 3 日清晨，她走进房间，望着勃拉姆斯消瘦的样子，不禁流下眼泪。勃拉姆斯睁开了眼睛，却说不出话，这时，一滴泪水顺着脸颊淌下，他安详地离开了这个世界。

一向厌恶繁文缛节的勃拉姆斯一定想不到他的葬礼有多么隆重。这位伟大作曲家的灵柩由他最亲近的朋友们护送，鲜花队跟在后面像个移动的花园。黑布将维也纳音乐之友协会的建筑罩起来，上面缀着蓝色火焰，歌唱会社的成员们演唱了作曲家的无伴奏合唱歌曲《再会》，以表达哀思。勃拉姆斯被安葬在维也纳中央陵园中，和他景仰的大师贝多芬、舒伯特等并肩安眠。

勃拉姆斯（第一排中间）和朋友们在一起

维也纳音乐之友协会，在二层保存室
内有勃拉姆斯的藏书和手稿

维克多·冯·米勒，他在奥地利小镇格蒙登修建了勃拉姆斯博物馆，并担任了维也纳勃拉姆斯协会的第一任会长

古斯达夫·杰纳，勃拉姆斯唯一真正意义上的学生，他曾在回忆录中称勃拉姆斯是“师长与艺术家”

维也纳音乐之友协会于1812年成立，与维也纳的音乐生活有密不可分的联系。世界著名的金色大厅是协会大楼的一部分，始建于1867年，落成于1870年，是意大利文艺复兴式建筑，勃拉姆斯、布鲁克纳、柴可夫斯基、马勒、小约翰·施特劳斯等许多作曲家的作品都曾在这里首演，维也纳新年音乐会都会在这里举行。

勃拉姆斯就这样走过了一生。那么该怎样概括这位音乐家呢?

应当说，勃拉姆斯是幸运的。他的父母深陷贫穷却供他学习音乐。他的两位钢琴老师弗里德里希·柯塞尔与爱德华·马克森始终坚信学生拥有非凡的天赋。他碰到了爱德华·雷曼尼和约瑟夫·约阿希姆两位贵人，并结识了影响其一生的罗伯特·舒曼与克拉拉·舒曼夫妇。他在20岁就蜚声音乐界，35岁时奠定作曲家的地位。在他有生之年，他的作品便得到了世人的肯定与追捧。他获得了应有的富足生活，逐渐向中产阶级靠拢。他还与约阿希姆、克拉拉、彪罗、迪特里希、汉斯利克、伊丽莎白、比尔罗特等人维持了一生的友情。

但勃拉姆斯又是不幸的。他在争吵声不断的贫民窟里长大，13 岁就扛起了养家糊口的重担，不得已在丑恶不堪的酒吧间里挣扎。他不是没有感情的人，却爱上了比他大 14 岁的克拉拉，还要在与舒曼夫妇的友情、恩情和爱情抉择之间痛苦徘徊，最终选择放弃。他一生向往家庭的温暖，却没有家庭。他深爱家乡，却不受家乡喜欢，直到晚年才得到汉堡人的认可。他忠于自己的理想，却要被扣上“贝多芬传人”的帽子。他的灵魂是浪漫的，可是他却要告诫自己——“控制你的激情”。他以“自由而快乐”作为座右铭，但终其一生，他都不是一个快乐的人，他的作品里从来都没有真正的快乐，似乎“自由却孤独”更为恰当。

或许，勃拉姆斯是谨慎而自省的。他对自己从不宽恕，常常自我批评。他从来不以自己的音乐才华自居，而是为了梦想的实现孜孜不倦地努力，并始终以较为客观的眼光来审视自己的作品，哪怕功成名就也一如既往地坚持着。他所遗留的作品都是自己认为成熟的、可以出版的，如果他觉得自己的贡献没有创造性或缺乏诚意时，他宁可毁掉。他像贝多芬一样是个全能的音乐家，涉足了除歌剧以外的所有古典体裁，而他之所以没有创作歌剧，是因为他在尝试后发觉自己并不能驾驭，便果断放弃了。

勃拉姆斯还是怯懦的，他受制于内心的某种恐惧感。他原本可以走入婚姻的殿堂，却因为父母婚姻的阴影以及在他看来爱情与梦想的不可得兼，让他孤独一生。

然而，勃拉姆斯又是勇敢的，毫不妥协的，因为他在音乐道路上踽踽独行，却心无旁骛。19 世纪中后期，在他生活并热爱的德意志土地上，以李斯特、瓦格纳为首的一批作曲家正不遗余力地将音乐的触角延伸到哲学、宗教、文学、绘画等领域，试图创造出一种包罗万象的艺术。而勃拉姆斯却反其道而行之，不合时宜地将古典主义传统作为理想，一心致力于纯音乐的形式与表现。27 岁的他敢于挑战以音乐泰斗李斯特为领袖的新德意志乐派，虽然以失败告终，但他认定作品比争论更有说服力，从此韬光养晦，执着地朝自己的音乐梦想前进，哪怕受到无情的攻击他都不曾动摇。勃拉姆斯成功了，他延续了自巴赫开始，经过海顿、莫扎特、贝多芬、舒伯特、门德尔松，直至舒曼的德奥音乐传统，并成为自舒伯特去世后，唯一将古典宝藏完美无缺地继承下来的人，与他同辈的作曲家中没有一个像他那样接近贝多芬的音乐理想，没有一个像他那样用真正的交响乐思维重建古典音乐的全部领域。在浪漫主义后期，勃拉姆斯的四首交响曲在构思广度与思想深度上均无人能超越；与同辈作曲家相比，他的室内乐作品是最丰富的，也是最能把握室内乐作为内心情感交流的工具这一本质的；他还是所有浪漫主义作曲家中唯一出色地处理了浪漫主义抒情性与古典主义曲式矛盾的音乐家。勃拉姆斯的确创制了最后的、真正伟大的古典艺术，然而他也看到了自己单枪匹马的处境以及音乐发展的不可遏制的势头。因而，纵使他深情地缅怀过去，他也只能感怀往昔荣光不再复兴。在他之后，古典主义大厦便轰然倒塌，音乐在革新者的笔下人踏步地走向了后浪漫主义，并在印象主义、表现主义以及新古典主义中大放异彩。

附录：勃拉姆斯年谱

1833 年 5 月 7 日，生于德国汉堡。

1838 年，5 岁。在父亲的启蒙与指导下，开始学习基础乐理知识。

1840 年，7 岁。师从弗里德里希·柯塞尔学习钢琴。接受小学教育。

1843 年，10 岁。首次登台表演，引起美国星探的注意。

1846 年，13 岁。通过担任剧院协助演奏员、廉价钢琴教师、酒吧钢琴师，以及谱写作品等，帮助家里维持生计。

1848 年，15 岁。9 月，举行第一场公开音乐会。

1849 年，16 岁。春天，举行第二场公开演奏会。

1851 年，18 岁。完成的《降 e 小调诙谐曲》是其现存的最早作品。

1853 年，20 岁。春天与雷曼尼开始在德国北部巡回演奏。在汉诺威结识约瑟夫·约阿希姆，经他推荐，拜访了魏玛的弗朗兹·李斯特，又于 9 月 30 日拜访了杜塞尔多夫的罗伯特·舒曼和克拉拉·舒曼夫妇。

1854 年，21 岁。1 月，来到汉诺威进行创作与演出，并认识了汉斯·冯·彪罗。2 月 27 日，舒曼精神崩溃。勃拉姆斯留在杜塞尔多夫照顾舒曼一家，在陪伴克拉拉的过程中渐渐爱上她。完成第一首室内乐《B 大调第一钢琴三重奏》。

1856 年，23 岁。搬到波恩，以便照顾舒曼。结识男中音尤里乌斯·史托克豪森。7 月 29 日，舒曼逝世。陪克拉拉到瑞士散心，之后离开杜塞尔多夫。

1857 年，24 岁。在利珀－代特莫尔德侯国担任音乐指导，取得了作为合唱指挥的经验。开始创作《德意志安魂曲》。

1858 年，25 岁。在哥廷根度假期间认识阿嘉特，坠入情网，写下与此相关的艺术歌曲。秋天开始在代特莫尔德侯国的第二个任期。

1859 年，26 岁。1 月，《d 小调第一钢琴协奏曲》在汉诺威、莱比锡的演出失败，放弃与阿嘉特的婚约。

1862 年，29 岁。6 月，参加杜塞尔多夫音乐节，看望克拉拉，开始谱写声乐套曲《玛格洛纳浪漫曲集》。

1864 年，31 岁。2 月会见瓦格纳。4 月辞去维也纳歌唱会社的职务。夏天在巴登－巴登结识小约翰·施特劳斯，为华尔兹音乐所吸引。

1865年，32岁。2月母亲克里斯蒂娜逝世。

1868年，35岁。4月《德意志安魂曲》在不来梅演出，大获成功。夏天开始谱写《命运之歌》，与父亲一起旅行，远达瑞士。秋天赴多地巡演，12月返回维也纳，开始创作《情歌》。

1869年，36岁。3月，《里纳尔多》公演。在利希滕塔尔度假期间暗恋舒曼的女儿朱丽叶·舒曼无果，写成《女低音狂想曲》。

1871年，38岁。受普法战争胜利的鼓舞，写出《胜利之歌》，很快得到上演。

1872年，39岁。2月，父亲雅各布逝世。定居维也纳，秋天就任维也纳音乐之友协会音乐会总监一职。

1873年，40岁。《海顿主题变奏曲》首演受到欢迎。

1875年，42岁。辞去维也纳音乐之友协会音乐会总监一职。完成了《降B大调第三弦乐四重奏》《c小调第三钢琴四重奏》等作品。

1877年，44岁。1月，《c小调第一交响曲》在莱比锡获得认可。3月获得伦敦爱乐协会金质奖章。在贝尔察赫度假期间创作《D大调第二交响曲》。10月担任奥地利教育部委员。12 月 30 日第二交响曲于维也纳首演。

1878 年，45 岁。3 月批准安托宁·德沃夏克的奖学金申请。4 月同特奥多尔·比尔罗特开始第一次意大利之旅。为约阿希姆谱写《D 大调小提琴协奏曲》。

1879 年，46 岁。元旦《D 大调小提琴协奏曲》于莱比锡首演。获得布雷斯劳大学授予的荣誉博士学位，放弃莱比锡的唱诗班职位。

1880 年，47 岁。在伊舍尔完成《学院典礼序曲》与《悲剧序曲》。

1881 年，48 岁。完成《降 B 大调第二钢琴协奏曲》，在次年出版时献给恩师马克森。

1882 年，49 岁。创作《命运三女神之歌》《F 大调第一弦乐五重奏》《C 大调第二钢琴三重奏》等作品。

1883 年，50 岁。1 月结识赫尔米娜·史皮斯，5 月到威斯巴登避暑，完成《F 大调第三交响曲》，12 月于维也纳首演。

1885 年，52 岁。完成《e 小调第四交响曲》，于 10 月 25 日在迈宁根首演，亲自指挥。

1886 年，53 岁。创作《F 大调第二大提琴奏鸣曲》《A 大调第二小提琴奏鸣曲》以及《c 小调第三钢琴三重奏》等作品。获得普鲁士骑士团“杰出成就勋章”。

1887年，54岁。弟弟弗里茨逝世。完成《a小调小提琴与大提琴双协奏曲》。

1888年，55岁。完成《d小调第三小提琴奏鸣曲》。

1889年，56岁。获得奥地利颁发的“利奥波德勋章”以及汉堡市“荣誉市民”称号，谱写《节庆与纪念》与《三首经文歌》。改写《B大调第一钢琴三重奏》。12月，用留声机录音。

1890年，57岁。完成《G大调第二弦乐五重奏》。

1891年，58岁。结识单簧管名家理查德·米尔菲尔德。完成《a小调单簧管三重奏》与《b小调单簧管五重奏》。

1892年，59岁。姐姐伊丽莎去世。创作了《七首幻想曲》《三首间奏曲》等。

1893年，60岁。最后一次赴意大利旅行。创作了《六首小品》《四首小品》等。

1894年，61岁。拒绝汉堡交响乐团的指挥一职。创作《f小调单簧管奏鸣曲》及《降E大调单簧管奏鸣曲》。

1895年，62岁。迈宁根举行以“音乐史上的‘三B’”为主题的音乐节。荣获奥皇颁授的“艺术科学十字勋章”。

1896 年，63 岁。5 月，写下《四首严肃的歌》。5 月 20 日，克拉拉逝世。完成最后一部作品《十一首众赞歌前奏曲》。

1897 年，64 岁。4 月 3 日，于维也纳逝世，安葬在维也纳中央陵园。